PONS

GESTERN AM RHEIN

Mörderische Kurzkrimis

zum Deutschlernen

VERTRAULICH

von Emily Slocum

PONS GmbH
Stuttgart

PONS
GESTERN AM RHEIN

Mörderische Kurzkrimis
zum Deutschlernen

von Emily Slocum

Alle in diesem Buch geschilderten Handlungen und Personen sind frei erfunden. Ähnlichkeiten mit lebenden oder verstorbenen Personen wären rein zufällig.

PONS verpflichtet sich, den Zugriff auf die zu diesem Buch gehörige Vokabeltrainer-App mindestens bis Ende 2018 zu gewährleisten. Einen Anspruch der Nutzung darüber hinaus gibt es nicht.

1. Auflage 2016

www.pons.de
E-Mail: info@pons.de

Projektleitung: Francesca Giamboni
Autorin: Emily Slocum
Redaktion: Christine Breslauer
Einbandgestaltung: Anne Helbich, Stuttgart
Logoentwurf: Erwin Poell, Heidelberg
Logoüberarbeitung: Sabine Redlin, Ludwigsburg
Layout: Petra Michel, Gestaltung & Typografie, Essen
Satz: Datagroup Int. SRL, Timisoara
Druck: Medienhaus Plump, Rheinbreitbach

ISBN: 978-3-12-562849-6

AUTORENINFO

Emily Slocum

Emily Maude Mary Slocum, Jahrgang 1987, ist Autorin, Theaterautorin und Lehrerin für Englisch. Sie wurde in Basel geboren und lebte dort bis 2006. Heute lebt und arbeitet sie als freie Autorin in Köln und schreibt an ihrem ersten Roman.

EINIGE WORTE VORAB ...

Sie lesen gerne Krimis und möchten etwas für Ihr Deutsch tun?
Mit diesen Kurzkrimis wird die deutsche Sprache zu einem spannenden und unterhaltsamen Erlebnis. Die verwendete Sprache passt genau zu Ihrem Lernniveau, so dass Ihnen das Lesen leicht fällt und Ihnen gleichzeitig viel Neues beibringt.

Nicht nur Krimis lesen, sondern auch mehr über Land und Leute erfahren:
Nach jeder Geschichte finden Sie wissenswerte Informationen zu den **Orten**, an denen die Geschichten spielen.

Wo die einzelnen Schauplätze liegen, können Sie in der **Landkarte** auf Seite 6 nachschauen.

Schwierigere Wörter sind auf jeder Seite in den **Fußnoten** erklärt. Im Anhang finden Sie nochmals alle Wörter in einer alphabetischen **Wortliste**.

Alle Wörter, die in den Fußnoten erklärt sind, können Sie mit der **PONS Vokabeltrainer-App** üben. Gehen Sie einfach auf www.pons.de/kurzkrimis-de und laden Sie die App kostenlos auf Ihr Smartphone oder Tablet herunter oder üben Sie online.

INHALTSVERZEICHNIS

1. KRIEG UNTER NACHBARN 8
2. DER UNFALL 20
3. DER UHRMACHER 30
4. DAS MOTEL 41
5. DER MASKENBALL 52
6. DER TAXIFAHRER 63
7. DIE HELLSEHERIN 76
8. DER FLORIST 86
9. GESTERN AM RHEIN 98
10. WIE DER VATER,SO DER SOHN 107

WORTLISTE 113

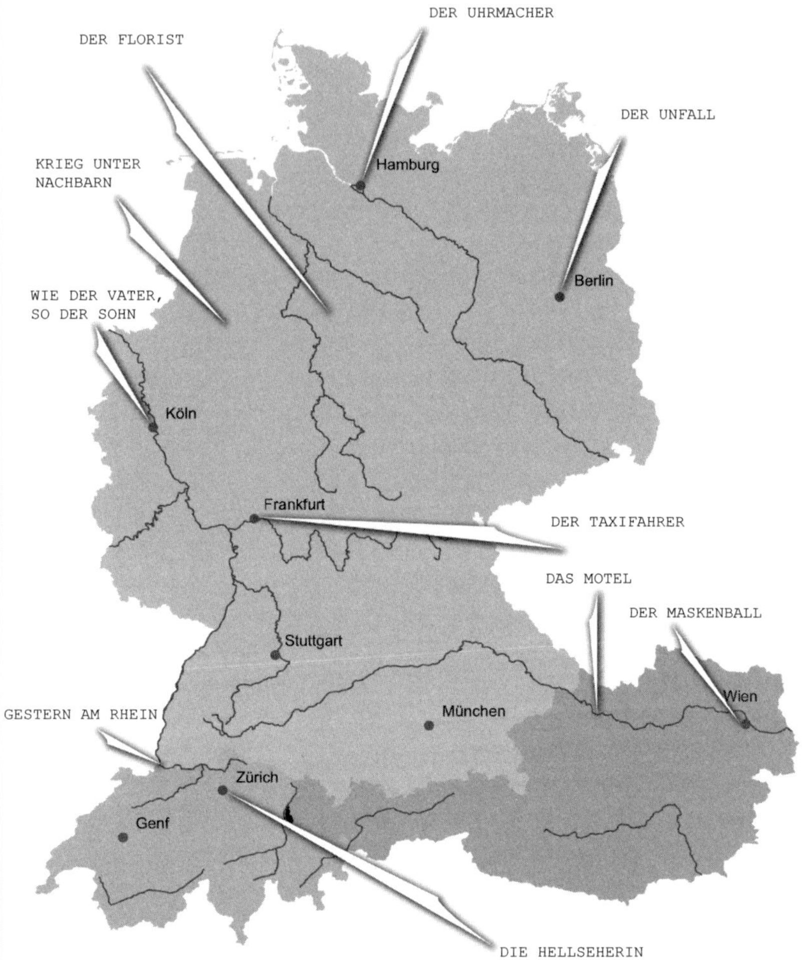
DER UHRMACHER
DER FLORIST
DER UNFALL
KRIEG UNTER NACHBARN
Hamburg
Berlin
WIE DER VATER, SO DER SOHN
Köln
Frankfurt
DER TAXIFAHRER
DAS MOTEL
DER MASKENBALL
Stuttgart
Wien
GESTERN AM RHEIN
München
Zürich
Genf
DIE HELLSEHERIN

1. KRIEG UNTER NACHBARN

Es ist vier Uhr morgens, als Elise Meyer die Polizei in Münster anruft. Sie sagt, dass ihr Mann tot im Garten liegt.

„Sind Sie sicher? Haben Sie schon einen Arzt geholt?"

Frau Meyer weint: „Nein, nein. Ich habe schon selbst versucht, meinen Mann wiederzubeleben[1]. Ich bin Krankenschwester."

Eine halbe Stunde später klingelt es an Frau Meyers Tür. Zwei Polizisten stehen vor ihr – ein Mann und eine Frau.

„Guten Morgen. Mein Name ist Hensen und das hier ist meine Partnerin Jahnke." Frau Meyer lässt sie herein. Auch ein Rechtsmediziner[2] und ein Krankenwagen sind angekommen.

„Wir müssen Ihnen ein paar Fragen stellen. Das hier ist Herr Weiler, der Rechtsmediziner."

Herr Weiler kommt ins Haus.

„Bitte ziehen Sie die Schuhe aus", sagt Frau Meyer und zeigt auf die Hausschuhe im Flur. Dann geht sie ins Wohnzimmer und lässt die drei stehen. Hensen und Jahnke sehen sich irritiert[3] an.

„Sie steht bestimmt noch unter Schock", sagt Weiler.

Er zieht seine Schuhe aus. Hensen und Jahnke tun dasselbe. Als sie das Wohnzimmer betreten, können sie die Leiche sehen. Herr Meyer liegt auf dem Rücken auf der Terrasse. Die Glasscheibe der Terrassentür ist kaputt.

„Das ist letzte Woche passiert. Wir konnten den Schaden noch nicht reparieren, weil wir noch nicht wissen, ob die

1 **jdn. wiederbeleben** – *etw. tun, damit das Herz einer Person wieder schlägt*
2 **der Rechtsmediziner** – *Arzt, der Tote untersucht*
3 **irritiert** – *überrascht, verwundert*

Versicherung[1] die Reparatur und die neue Scheibe bezahlt", erklärt Frau Meyer.

„Wie ist das passiert?", fragt Hensen und nimmt seinen Notizblock aus der Tasche. Frau Meyer antwortet nicht, sondern sieht Weiler hinterher. Weiler zieht sich Handschuhe an und geht hinaus auf die Terrasse zu der Leiche. Frau Meyer dreht sich weg.

„Man sollte meinen, dass ich so etwas als Krankenschwester sehen kann. Aber er ist – er war – mein Mann. Vielleicht kann ich deshalb nicht …"

„Frau Meyer, wir müssen Ihnen ein paar Fragen stellen. Möchten Sie sich lieber setzen?"

„Nein, es geht schon, danke", antwortet sie leise. Dann hebt sie plötzlich den Kopf. „Aber wo bleiben meine Manieren[2]! Entschuldigen Sie! Möchten Sie etwas trinken? Ich wollte mir gerade einen Tee machen, als ich …", aber sie kann nicht mehr weiter reden.

„Nein, danke. Wir möchten nichts", sagt Jahnke und holt auch ihren Notizblock hervor. „Ihr Anruf ist um 4.03 bei uns eingegangen. Wann genau haben Sie Ihren Mann gefunden?"

Frau Meyer denkt einen Moment nach. „Ich glaube, es war um 3 Uhr morgens. Auf meinem Wecker war es 2.55, als ich wach wurde. Ich konnte nicht mehr einschlafen und wollte mir einen Tee machen. Als ich dann ins Wohnzimmer gegangen bin, habe ich ihn gesehen. Ich dachte erst, ich sehe nicht recht, aber dann wurde mir klar: Das ist Thomas. Und er ist tot."

„Woher wussten Sie, dass er tot war?"

Frau Meyer wird laut. „Das weiß man einfach!"

Hensen und Jahnke schauen sich kurz an.

„Was ist dann passiert?"

1 **die Versicherung –** *Firma, die für Schäden zahlt*
2 **die Manieren (Plural) –** *Höflichkeit, gutes Benehmen*

„Ich bin zu ihm hin, habe nach seinem Puls[1] gesucht. Aber er hatte keinen mehr."

„Haben Sie versucht, ihn wiederzubeleben?"

„Ja, aber nach einigen Minuten wusste ich, dass ich nichts mehr machen kann."

„Wie viele Minuten lang haben Sie ihn wiederbelebt?"

„Ich weiß es nicht mehr", sagt sie gereizt[2]. „Vielleicht fünf, sechs Minuten lang."

„Hat er genauso dagelegen wie jetzt?"

„Wie meinen Sie das?"

„Haben Sie ihn umgedreht, um ihn wiederzubeleben, oder hat er genauso wie jetzt auf dem Rücken gelegen?"

Frau Meyer schaut durch das Terrassenfenster. Weiler schreibt gerade etwas.

„Ich musste ihn umdrehen. Er hat mit dem Kopf zur Seite auf dem Bauch gelegen."

Weiler kommt wieder herein und gibt Jahnke seinen Bericht. Sie liest ihn und reicht ihn dann Hensen, der auch darüber schaut[3].

„Ihr Mann wird gleich zur Obduktion[4] gebracht", informiert Herr Weiler Frau Meyer. Sie nickt mit dem Kopf.

„Wissen Sie, woran er gestorben ist?", fragt sie dann noch.

„Das kann ich noch nicht sagen. Wir müssen die Leiche genauer untersuchen und das kann eine Weile[5] dauern", antwortet Weiler. „Auf Wiedersehen, Frau Meyer".

„Auf Wiedersehen", sagt sie, aber begleitet ihn nicht zur Tür.

Hensen und Jahnke gehen hinaus zu der Leiche. Die Augen des Toten sind offen, sein Mund ist leicht geöffnet. In dem Bericht von Weiler steht, dass es ein natürlicher Tod oder eine Vergiftung[6] sein kann.

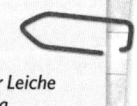

1 **der Puls** – *Herzschlag*
2 **gereizt** – *nervös und aggressiv*
3 **darüber schauen** – *nur kurz lesen*
4 **die Obduktion** – *Untersuchung an einer Leiche*
5 **eine Weile** – *eine unbestimmte Zeit lang*
6 **die Vergiftung** – *Krankheit oder Tod durch Gift*

Frau Meyer steht hinter den beiden Polizisten und weint.

„Hatte Ihr Mann körperliche Beschwerden[1]? War er herzkrank?"

„Nein", antwortet Frau Meyer und putzt sich die Nase. „Er war gesund. Er ist jeden Tag mit dem Fahrrad ins Büro gefahren. Letzte Woche ist er noch zum Arzt gegangen. Er war kerngesund[2]."

„Gibt es jemanden, der Ihrem Mann Schaden zufügen[3] wollte? Einen wütenden Kollegen vielleicht?"

„Nein, er war Steuerberater[4]. Jeder mochte ihn – außer natürlich …", sagt sie und überlegt wieder einen Moment.

„Außer wer?", fragt Hensen.

„Nein. Das ist nicht möglich. Ich glaube nicht, dass die so etwas tun. Nein. Das geht zu weit", sagt Frau Meyer zu sich selbst.

„Wen meinen Sie mit *die*?", fragt Jahnke.

Frau Meyer kommt zu sich. „Lehmanns. Unsere Nachbarn. Mareike und Max Lehmann. Sie wohnen direkt neben uns", erklärt sie und zeigt auf das Haus rechts neben ihrem. Hensen und Jahnke schauen in die Richtung. Die Lichter sind aus.

„Wieso sollten Ihre Nachbarn Ihren Mann umbringen?"

Frau Meyer schaut die beiden Polizisten an.

„Weil die beiden irre sind! Das sind Verrückte! Erst Freddie, dann Suzy und jetzt Thomas!", schreit Frau Meyer.

„Frau Meyer, bitte beruhigen Sie sich. Wer sind Freddie und Suzy?"

„Sie müssen etwas tun!"

„Wir können nichts machen, wenn wir nichts Genaues wissen. Also, Frau Meyer, sagen Sie uns bitte, wer Freddie und Suzy sind."

1 **die Beschwerden (Plural)** – *gesundheitliche Probleme*
2 **kerngesund** – *vollkommen gesund*
3 **jdm. Schaden zufügen** – *etw. tun, das negative Folgen für jdn.hat*
4 **der Steuerberater** – *Beruf, bei dem jemand die Steuern für Firmen oder Privatpersonen macht*

„Das waren unsere Katzen. Sie waren unser Ein und Alles[1]."

Frau Meyer holt einen Bilderrahmen mit einem Foto von den Katzen.

„Sie haben sie vergiftet. Das Gift in ihren Körpern war genau das gleiche Gift, das Herr Lehmann für seinen Garten benutzt. Wir hatten Beweise, aber niemand wollte uns helfen", sagt sie zitternd.

„Frau Meyer, Sie müssen sich beruhigen. Es ist doch noch gar nicht sicher, dass Ihr Mann ermordet wurde. Es war vielleicht ein natürlicher Tod. Also lassen Sie uns erst einmal abwarten."

Frau Meyer packt Jahnke an den Armen. „Sie müssen mir helfen! Solche Leute sind gefährlich! Was ist, wenn ich das nächste Opfer bin?", schreit sie.

„Wir werden mit Ihren Nachbarn reden und uns dann wieder bei Ihnen melden. Für heute haben Sie genug durchgemacht[2]. Versuchen Sie sich zu beruhigen. Sollen wir jemanden für Sie anrufen, der bei Ihnen bleiben kann?"

Frau Meyer nimmt ihre Hände von Jahnke und setzt sich in einen Sessel. Sie schaut auf den Boden. „Nein, es geht schon. Ich komme allein zurecht[3]."

Hensen und Jahnke verabschieden sich. Frau Meyer reagiert nicht. Als die Polizisten fast bei der Tür sind, dreht sich Hensen um: „Frau Meyer, Sie haben uns nicht gesagt, was mit der Glasscheibe passiert ist."

Frau Meyer schaut zu Hensen und sucht nach den richtigen Worten.

„Ich weiß es nicht mehr", sagt sie und schaut wieder auf den Boden.

Hensen und Jahnke bleiben draußen vor dem Haus stehen und sehen den Krankenwagen wegfahren. „Da stimmt doch was nicht", sagt Jahnke.

1 **unser Ein und Alles** – *sehr wichtig für uns*
2 **etw. durchmachen** – *etw. Schlimmes erleben*
3 **allein zurechtkommen** – *keine Hilfe brauchen*

„Ja, da hast du recht. Ich glaube nicht, dass sie uns die ganze Wahrheit über ihren Mann gesagt hat."

„Klingeln wir doch bei den Lehmanns. Mal schauen, was sie sagen."

Sie gehen hinüber zu dem Nachbarhaus und klingeln drei Mal. Beim dritten Mal geht ein Licht in der oberen Etage an.

Herr Lehmann macht die Tür auf, er sieht überrascht aus.

„Um Himmels willen![1]", sagt er ganz aufgeregt. „Was ist denn passiert? Geht es Jessica gut?"

„Sind Sie Herr Lehmann?"

„Ja, das bin ich. Bitte sagen Sie, was passiert ist? Geht es meiner Tochter gut?"

„Herr Lehmann, mein Name ist Hensen und das ist Frau Jahnke. Wir sind nicht wegen Ihrer Tochter hier. Wir kommen gerade von Frau Meyer. Ihr Mann ist gestorben."

„Thomas ist tot?" Herr Lehmann ist schockiert. „Kommen Sie doch rein". Eine Frau in einem Morgenmantel kommt die Treppe herunter. „Das ist meine Frau Mareike. Unsere Tochter Jessica ist gerade im Schullandheim[2]."

Frau Lehmann sieht erschrocken zu den Polizisten und stellt sich neben ihren Mann.

„Was ist denn passiert?", fragt sie ihn.

„Das sind Herr Hensen und Frau Jahnke von der Polizei. Es geht um Thomas. Er ist gestorben." Frau Lehmann sieht auch sehr schockiert aus. Ihre Augen füllen sich mit Tränen.

„Was? Wann? Wie ist denn das passiert?"

„Wir wissen leider noch nichts Genaueres. Frau Meyer meinte, dass Sie sich nicht gut verstanden haben. Ist das richtig?", fragt Hensen.

Frau Lehmann kann nicht reden, sie muss sich setzen.

1 **Um Himmels willen!** – *Ausruf der Überraschung*
2 **das Schullandheim** – *Feriencamp für Schulklassen*

„Wir haben jahrelang versucht, mit den beiden auszukommen[1]. Wir waren freundlich und haben sogar ein paar Mal miteinander zu Abend gegessen. Doch dann sind ihre Katzen gestorben – besser gesagt[2] die Katzen von Elise Meyer. Diese Tiere waren ihr Ein und Alles. Sie konnte keine Kinder bekommen. Freddie und Suzy waren wie Kinder für sie", erklärt Herr Lehmann.

„Frau Meyer meinte, dass Sie die Katzen absichtlich mit Gift getötet haben. Stimmt das?"

„Natürlich nicht! So etwas würde ich niemals tun. Es war ein Unfall. Ich habe vergessen, die Flasche in die Garage zurückzustellen. Die Flasche war nicht richtig verschlossen. Dann sind die beiden Katzen nachts in unseren Garten gegangen und haben die Flasche umgeworfen und sich damit bekleckert[3]. Wahrscheinlich haben sie das Gift geschluckt, während sie sich geputzt haben. Anders kann ich es mir nicht erklären. Elise hat uns sofort die Schuld gegeben. Sie wollte mir einfach nicht glauben. Dann hat der Krieg angefangen."

„Krieg? Was meinen Sie mit Krieg?", fragt Jahnke.

„Unser Nachbarschaftskrieg. Der dauert jetzt schon zwei Jahre. Es ist verrückt. Elise ist verrückt! Sie hat unseren Baum angezündet. Ich hatte den Baum gepflanzt, als Jessica geboren wurde. Können Sie sich das vorstellen? Dann haben wir versucht, mit ihnen zu reden, aber Elise hat gesagt, sie ist es nicht gewesen. Thomas hat nie viel zu dem Thema gesagt. Er war ein sehr ruhiger Mensch und wollte keine Probleme. Aber Elise nicht. In den zwei Jahren hat sie unseren Baum abgebrannt, unsere Fahrräder zerstört, unseren Hund Gina vergiftet und unsere Tochter belästigt[4]. Jessica hat sogar Angst, aus dem Haus zu gehen. Sie fürchtet, dass Frau Meyer auf sie wartet und sie ärgert. Was für ein Mensch tut so etwas?"

1 **mit jdm. auskommen** – *sich mit jdm. verstehen*
2 **besser gesagt** – *mit genaueren Worten gesagt*
3 **sich bekleckern** – *sich mit etw. schmutzig machen*
4 **jdn. belästigen** – *eine Person immer wieder stören oder ärgern*

„Ein sehr verzweifelter[1] Mensch", sagt Frau Lehmann.

„Frau Lehmann, geht es Ihnen gut? Sie sehen sehr blass aus."

Frau Lehmann sieht zu den Polizisten und ihrem Mann und beginnt zu weinen. Sie hält sich die Hände vor das Gesicht.

„Das ist alles meine Schuld!", sagt sie und weint noch mehr.

„Wovon sprichst du, Mareike?", fragt Herr Lehmann seine Frau. „Wir sind hier die Opfer!"

Hensen geht zu Frau Lehmann und versucht sie zu beruhigen. Jahnke redet mit Herrn Lehmann weiter.

„Wissen Sie, was mit der Terrassentürscheibe der Meyers passiert ist?"

„Ja, das tue ich. Thomas und Elise haben sich vor einer Woche laut gestritten. Wir konnten nicht verstehen, worum es geht, aber wir haben die Scheibe zerbrechen hören. Vielleicht hat einer der beiden etwas Schweres gegen die Scheibe geworfen. Wir wollten schon die Polizei rufen, aber dann wurde es plötzlich still. Es hat seither keinen Streit mehr gegeben, aber wir haben die beiden noch nie so laut streiten hören. Das ist nicht ihre Art. Da ist sicher etwas sehr Schlimmes passiert."

Während Jahnke sich Notizen macht, redet Hensen mit Frau Lehmann.

„Sie sehen sehr traurig aus. Gibt es vielleicht etwas, das Sie uns sagen möchten?"

Frau Lehmann sieht Hensen an. „Ich kann nicht", sagt sie und schaut zu ihrem Mann.

„Möchten Sie vielleicht mit mir unter vier Augen reden[2]? Ist Ihnen das lieber?" Frau Lehmann nickt, führt Hensen ins Arbeitszimmer und macht die Tür zu. „Sie dürfen das nicht meinem Mann erzählen. Sie müssen mir versprechen, dass Sie es nicht meinem Mann erzählen", sagt Frau Lehmann.

1 **verzweifelt** - *ohne Hoffnung*
2 **unter vier Augen reden** - *sich zu zweit unterhalten*

„Alles, was Sie uns zu diesem Fall[1] erzählen können, ist wichtig. Es kann uns sehr helfen, den Fall zu klären."

Frau Lehman überlegt und beginnt dann vorsichtig zu erzählen.

„Es hat letzten Herbst angefangen. Ich wollte es erst gar nicht, aber dann habe ich mich doch mit ihm eingelassen[2]."

„Mit Herrn Meyer? Sie hatten eine Affäre?"

„Ja. So kann man das nennen. Ich wollte es beenden, aber Thomas nicht. Er wollte sogar alles seiner Frau erzählen, damit er und ich zusammen sein können. Ich wollte aber meinen Mann nicht verlassen und habe ihn gebeten, nichts zu erzählen. Ich liebe meinen Mann …"

„Meinen Sie, bei dem Streit der Meyers von letzter Woche ging es um die Affäre?"

„Ich weiß es nicht. Ich habe seit unserem letzten Gespräch nichts mehr von Thomas gehört. Er wurde sehr still und hat mich nicht einmal mehr auf der Straße gegrüßt." Frau Lehmann schaut ängstlich zu Hensen.

„Bin ich jetzt eine Verdächtige[3]?"

„Wir müssen Sie und Ihren Mann auf die Polizeiwache mitnehmen, damit Sie eine vollständige Aussage[4] machen können. Es ist vielleicht besser, wenn Sie sich etwas anziehen."

Frau Lehmann sieht auf ihren Morgenmantel und nickt mit dem Kopf. Hensen geht wieder zu Jahnke, die immer noch Notizen macht. Herr Lehmann redet immer noch.

„Darf ich Sie kurz sprechen, Jahnke?" Hensen nimmt Jahnke beiseite[5] und erzählt ihr von der Affäre zwischen Herrn Meyer und Frau Lehmann.

„Denkst du, sie hat etwas mit Meyers Tod zu tun?", fragt ihn Jahnke.

1 **der Fall** – *Situation, die die Polizei untersucht*
2 **sich mit jdm. einlassen** – *eine Affäre mit jdm. haben*
3 **der/die Verdächtige** – *Person, die vielleicht eine Straftat begangen hat*
4 **die Aussage** – *Erklärung zu einer Straftat*
5 **jdn. beiseitenehmen** – *mit jdm. allein sprechen*

„Nein, eher nicht. Wenn aber Herr Lehmann von der Affäre erfahren hat, dann hat er vielleicht etwas damit zu tun."

Sie nehmen die Lehmanns mit auf die Polizeiwache, damit sie ihre Aussagen machen können. Danach warten sie auf das Ergebnis von Rechtsmediziner Weiler. Dieser ruft um 6.15 Uhr an und sagt, dass es sich um eine Vergiftung handelt. „Es ist definitiv Mord. Jemand hat Tabak in Wasser aufgelöst[1] und ihm gegeben. Es reicht der Tabak einer Zigarette in Wasser aufgelöst, um jemanden zu vergiften."

„Wir müssen auch Frau Meyer hierher holen, damit sie ihre Aussage machen kann", sagt Hensen zu Jahnke, nachdem er aufgelegt hat. Er ruft bei Frau Meyer an, aber sie geht nicht ans Telefon.

„Da müssen wir wohl wieder hinfahren", sagt Jahnke und reicht Hensen einen Kaffee.

„Das ist heute meine neunte Tasse", sagt er lächelnd zu Jahnke.

„Und das hier", sagt sie, „ist meine zehnte."

Jahnke und Hensen machen sich auf den Weg und fahren zurück zum Haus der Meyers. Als sie dort ankommen, sehen sie, dass die Haustür nicht geschlossen ist.

„Denkst du, Frau Meyer hat vergessen, die Tür zuzumachen?", fragt Jahnke.

„Nein. So etwas vergisst sie nicht."

Jahnke und Hensen gehen vorsichtig in das Haus hinein.

„Frau Meyer? Hier sind Hensen und Jahnke – die Polizisten von heute Morgen. Wir kommen jetzt rein. Hören Sie mich, Frau Meyer?", ruft Jahnke, aber es kommt keine Antwort. Als die beiden Polizisten ins Wohnzimmer treten, sehen sie Frau Meyers Leiche. Sie liegt auf dem Boden. Neben ihr liegen zwei leere Packungen Tabletten und ein Abschiedsbrief.

Jahnke schaut sich die Tablettenschachteln an.

1 **etw. auflösen –** *etw. in eine Flüssigkeit tun, damit es seine feste Form verliert*

„Das sind Beruhigungstabletten und Schlafmittel. Sie hat alle geschluckt."

Hensen nimmt den Brief und liest ihn laut vor: „Es tut mir sehr leid, was ich getan habe. Ich habe meinen Mann vergiftet, weil ich letzte Woche erfahren habe, dass er eine Affäre mit Mareike Lehmann hatte. Das war zu viel für mich. Ich dachte, der Schmerz wird vorbeigehen, wenn er tot ist. Aber jetzt weiß ich, dass es nicht so ist. Also will auch ich nicht weiterleben. Es tut mir sehr leid."

Die Stadt Münster

Die Stadt **Münster** liegt im Bundesland Nordrhein-Westfalen und ist als Fahrradstadt bekannt. Über 100.000 Menschen sind tagtäglich mit dem Fahrrad unterwegs und nutzen das Radwegnetz. In Münster gibt es doppelt so viele Fahrräder wie Einwohner, nämlich 500.000 Stück. Einzigartig ist auch, dass es einen autofreien Ring rund um die Innenstadt gibt. So können Fahrradfahrer auf der Promenade[1] ungestört fahren.

Am Hauptbahnhof gibt es mit 35.000 Stellplätzen den größten Fahrradstellplatz Deutschlands. Neben dem Stellplatz gibt es auch einen Reparaturservice, eine Fahrrad-Waschanlage und einen Fahrradverleih.

1 **die Promenade** – *breiter, schöner Weg für Fußgänger oder Radfahrer*

2. DER UNFALL

Die vier Freunde Andrea, Simon, Marlene und Richard sitzen in Richards Auto vor einem Haus etwas außerhalb von Berlin. In dem Haus findet eine wilde Party statt. Alle außer Richard sind betrunken. Er holt seine Freunde von der Party ab, weil sie kein Geld für ein Taxi nach Hause haben. Sie wohnen alle in Berlin-Mitte.

„Wir wollen weiter feiern!", sagt Marlene und nimmt einen Schluck aus ihrer Bierflasche. Andrea und Simon sind auch noch nicht bereit, nach Hause zu fahren.

„Die Nacht ist noch jung und der Spaß hat doch gerade erst begonnen!", sagt Simon und klopft Richard auf die Schulter.

„Es ist bereits zwei Uhr morgens. Die Party endet hier", sagt Richard ruhig. Daraufhin kommen laute Buhrufe[1] von seinen Freunden. Simon reicht ihm eine Flasche Wodka, doch Richard will sie nicht. Er hat schon vor drei Jahren aufgehört, Alkohol zu trinken.

„Du kannst uns ja gerne zurückfahren. Wir feiern aber dann noch weiter", sagt Marlene und die anderen stimmen ihr zu. Richard startet den Motor. Simon schaltet das Radio an, dreht die Lautstärke auf und singt laut mit. Richard dreht das Radio wieder leiser. Simon und Marlene singen trotzdem weiter.

An diesem Abend wollte Richard eigentlich zu Hause bleiben und für seine nächste Prüfung lernen. Er studiert Jura[2] und hat nur noch wenige Semester vor sich. Simon und Marlene kennt er aus dem Gymnasium[3]. Andrea hat er

1 **der Buhruf** – *Ruf, den man äußert, wenn man etw. schlecht findet*
2 **Jura** – *Rechtswissenschaften (Studienfach an der Universität)*
3 **das Gymnasium** – *höhere Schule*

durch Simon kennengelernt. Sie ist sehr gut mit Marlene befreundet. Seit einiger Zeit will Simon unbedingt Richard und Andrea miteinander verkuppeln[1]. Deshalb hat er heute Abend Richard angerufen und gesagt, dass Andrea auch auf der Party ist. Richard findet Andrea sehr hübsch und nett, aber er hat gerade eine Beziehung hinter sich und will noch nichts Neues anfangen. Nur wenige Wochen sind seit der Trennung vergangen und er ist immer noch sehr traurig darüber.

Simon hat außerdem gesagt, dass er später selbst nach Hause fahren will. Richard konnte aber an Simons Stimme hören, dass er schon sehr betrunken war, und wollte ihn nicht fahren lassen. Also ist er losgefahren, um alle abzuholen.

Als er bei der Party angekommen ist, hat sich Richard eine Zigarette angezündet und gewartet. Er konnte die Gäste im Wohnzimmer tanzen sehen. Die laute Musik konnte man bis auf die Straße hören und die Gäste, die aus dem Haus gekommen sind, haben laut gelacht und waren gut gelaunt.

Richard trinkt keinen Alkohol mehr, weil ihn die Polizei vor drei Jahren wegen Trunkenheit am Steuer[2] verhaftet hat. Er war nach einer Feier betrunken Auto gefahren und hatte einen Studenten angefahren und leicht verletzt. Seine Zukunft als Rechtsanwalt[3] wollte Richard nicht zerstören. Darum hält er sich von Partys, Alkohol und Drogen fern.

Irgendwann kommen seine Freunde heraus. Simon albert mit Marlene herum[4]. Als sie Richard bei seinem Auto stehen sehen, rufen sie ihm freudig zu.

„Da bist du ja! Komm rein, wir trinken noch was!", sagt Simon ganz aufgeregt und umarmt Richard. Er ist betrunken,

1 **jdn. verkuppeln** – *zwei Menschen zusammenbringen*
2 **wegen Trunkenheit am Steuer** – *weil jemand betrunken Auto gefahren ist*
3 **der Rechtsanwalt** – *Beruf, bei dem man eine Person bei einem Prozess vor Gericht spricht*
4 **herumalbern** – *Witze, Späße machen*

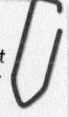

aber gleichzeitig sehr nervös. Vielleicht ist er auf Drogen[1], denkt Richard und fragt Marlene, was er genommen hat.

Ach, nur ein kleines bisschen Koks[2]", sagt sie.

„Er wollte das doch lassen", sagt Richard wütend und schaut zu seinem Freund, der gerade am Straßenrand pinkelt.

„Wir fahren jetzt nach Hause", sagt Richard. Bald darauf sitzen alle in seinem Auto.

Es gibt keinen Verkehr auf der Landstraße[3]. Simon und Marlene singen immer noch. Richard schaltet das Radio aus und spricht Simon, der neben ihm auf dem Beifahrersitz[4] sitzt, direkt an.

„Du wolltest doch mit den Drogen aufhören. Was ist passiert?", fragt er ihn.

Simon zündet sich einen Joint an. „Nichts. Ich wollte nur etwas Spaß. Das solltest du vielleicht auch mal versuchen. Es schadet[5] nicht."

„Streitet euch doch nicht so", sagt Marlene und legt Richard die Hände auf die Schulter. „Simon wollte nur ein bisschen Spaß haben. Er ist gerade im Prüfungsstress. Das verstehst du doch, oder?"

Richard versteht das sogar sehr gut. Er hätte auch gerne etwas anderes als nur Zigaretten, um seine Nerven zu beruhigen.

„Wir machen für heute Schluss. Richard meint es nur gut[6]", sagt Andrea zu den anderen. „Wir können nächstes Wochenende wieder feiern gehen. Beenden wir den Abend doch so."

Simon schaut aus dem Fenster und nickt mit dem Kopf. Seine gute Laune hat sich sehr schnell geändert. Er sieht plötzlich sehr unglücklich aus und redet nicht mehr.

1 **auf Drogen sein (ugs.)** – *Drogen, wie z. B. Kokain, genommen haben*
2 **der/das Koks** – *Kokain*
3 **die Landstraße** – *Straße auf dem Land zwischen zwei Dörfern*
4 **der Beifahrersitz** – *Sitz neben dem Autofahrer*
5 **schaden** – *negative Folgen haben*
6 **es nur gut meinen** – *wollen, dass es jdm. gut geht*

Einige Minuten vergehen, ohne dass jemand etwas sagt.

Plötzlich bittet Andrea Richard, rechts ranzufahren.

„Mir ist schlecht", sagt sie und hält sich die Hand vor den Mund.

Richard hält an und Andrea springt aus dem Auto. Er steigt dann auch aus und hält ihr die Haare aus dem Gesicht.

Nur einen Moment später hört er, wie der Motor gestartet wird. Er dreht sich erschrocken um und sieht, dass Simon am Steuer sitzt und mit Vollgas[1] wegfährt. Richard schreit ihm hinterher, aber es passiert alles zu schnell und sein Wagen ist bereits hinter der nächsten Kurve verschwunden. Andrea geht es langsam wieder besser. Sie versucht, Simon auf seinem Handy zu erreichen, aber er nimmt nicht ab. Richard ruft Marlene an, aber auch sie reagiert nicht.

„Wir laufen die paar Kilometer bis in die Stadt. Dort finden wir dann eine Haltstelle, wo irgendein Nachtbus fährt. Simon wird dein Auto sicher wieder zurückbringen. Er ist schon oft in so einem Zustand gefahren."

„Das beruhigt mich nicht wirklich. Er ist völlig betrunken und auf Drogen!" Richard schimpft laut: „Ich fasse es nicht[2], dass er so etwas macht." Dann atmet er tief durch. „Es tut mir leid, dass ich so geschrien habe", sagt er zu Andrea.

„Schon gut. Ich wäre auch wütend an deiner Stelle."

Die beiden machen sich zu Fuß auf den Weg. Eine Zeit lang sagen sie nichts, aber bald fangen sie an, sich zu unterhalten. Richard mag ihr Lachen und er bringt sie leicht zum Lachen. Plötzlich hält Andrea an.

„Was ist los?", fragt Richard.

„Schau", sagt sie und zeigt nach vorne. „Das ist doch dein Auto!"

1 **mit Vollgas** – *sehr schnell*
2 **etw. nicht fassen** – *etw. nicht verstehen können*

Richard erkennt es sofort und die beiden laufen darauf zu. Es steht am Straßenrand. Auf dem Asphalt[1] kann man Bremsspuren[2] erkennen.

Richard sieht Simon neben dem Auto stehen und seine Wut von vorhin kommt nochmals hoch.

„Hey!“, ruft er ihm zornig[3] zu.

Simon schaut erschrocken in Richards Richtung.

„Was sollte das? Wolltest du uns echt zu Fuß nach Hause laufen lassen?“, fragt Richard und ist fast so weit, Simon zu schlagen. Aber Simon starrt auf den Boden.

„Ich wollte das nicht“, sagt er leise.

Richard stellt sich neben Simon und sieht eine Frau auf dem Asphalt liegen. Sie liegt regungslos[4] da, ihr Kopf ist voller Blut. Ihre Arme und Beine sind verdreht und ihre Augen weit geöffnet.

„Ich wollte das wirklich nicht. Sie hat plötzlich auf der Straße gestanden. Ich habe noch gebremst, aber es war zu spät. Ich schwöre, ich habe sie nicht gesehen.“ Simon schaut Richard an.

„Wo ist Marlene?“, fragt Andrea unsicher.

Simon schaut sich um. „Ich weiß es nicht. Gerade war sie noch da. Sie hat neben mir gestanden. Ich weiß nicht, wo sie jetzt ist“, sagt Simon zitternd und ruft ihren Namen.

„Nicht! Tu das nicht!“, sagt Richard. „Jemand könnte dich hören!“

„Aber wir müssen sie finden!“, sagt er und ruft nochmals nach Marlene.

Richard hält ihm die Hand vor den Mund. „Das kannst du nicht tun. Dort hinten stehen Häuser. Jemand kann wach werden und die Polizei rufen. Und was dann? Hast du vielleicht Lust, ins Gefängnis zu gehen?“

1 **der Asphalt** – *dunkler Straßenbelag*
2 **die Bremsspur** – *schwarzer Streifen von einem Reifen*
3 **zornig** – *wütend*
4 **regungslos** – *ohne sich zu bewegen*

„Nein, nein, möchte ich nicht", sagt Simon. „Aber was sollen wir dann tun?"

„Wir müssen die Leiche von hier wegbringen. Das Blut am Auto muss auch verschwinden. Wir müssen schnell machen. Es kann jederzeit ein Auto vorbeifahren."

„Ich gehe und suche nach Marlene. Ihr kümmert euch um die Frau", sagt Andrea und geht ein Stück in den kleinen Waldabschnitt[1] hinein, um nach Merlene zu suchen. Simon steht hilflos da und weiß nicht, was er tun soll.

„Hilf mir, sie hochzuheben", sagt Richard.

„Und dann?", fragt Simon und kaut an seinen Fingernägeln. „Wo bringen wir sie hin?"

„In den Wald. Jetzt komm."

Simon nimmt die Frau an den Füßen und Richard hebt sie an den Armen hoch. Sie tragen sie so weit in den Wald hinein, bis die Straße nicht mehr zu sehen ist. Sie legen die Leiche auf den Boden.

„Das ist weit genug, denke ich. Und jetzt fang an zu graben[2]!", befiehlt Richard weiter. Sie beginnen zu graben, doch bereits nach ein paar Minuten sind sie völlig außer Atem[3].

„Ich kann nicht mehr", jammert[4] Simon.

„Du musst aber weitermachen! Wir haben es bald geschafft!"

Richard gräbt weiter. Er hat auch keine Kraft mehr, doch er hört trotzdem nicht auf. Jedes Mal, wenn er fast aufhören will, erinnert er sich an seine Zukunft als Rechtsanwalt. Das ist Grund genug, um zu graben, bis er seine Finger nicht mehr spüren kann. Plötzlich hören sie Andrea und drehen sich um. Sie hält Marlene und stützt sie beim Gehen. Sie blutet am Kopf.

„Ich hab' sie gefunden. Sie ist verletzt. Wir müssen sie ins Krankenhaus bringen."

1 **der Waldabschnitt** – *ein Teil eines Waldes*
2 **graben** – *ein Loch in die Erde machen*
3 **außer Atem sein** – *nicht mehr atmen können*
4 **jammern** – *klagen, sich beschweren*

Richard sieht hinunter in das Loch, das er gegraben hat. Es ist noch nicht tief genug. Die Leiche passt noch nicht hinein.

„Hilf uns beim Graben. Danach bringen wir Marlene sofort ins Krankenhaus."

Aber Andrea ist nicht einverstanden: „Ich bringe sie *jetzt* ins Krankenhaus. Ihr könnt ja hier bleiben und weitermachen."

Andrea macht sich auf den Weg zum Auto, doch Richard hält sie zurück.

„Nein. Du bleibst hier. Du lässt uns nicht einfach zurück. Wir beenden diese Sache gemeinsam. Außerdem ist an meinem Auto noch Blut. Das muss auch weg."

„Das ist mir im Moment wirklich egal. Ich habe das Auto nicht gefahren und du auch nicht. Simon ist für das alles hier verantwortlich. Er muss sich Sorgen machen, nicht du."

„Aber es ist mein Auto. Das kann auch mich ins Gefängnis bringen!"

„Das tut mir sehr leid, aber Marlene atmet nur noch schwach und braucht einen Arzt. Ich gehe jetzt", sagt Andrea und dreht sich um. Simon steht neben ihr und schlägt Andrea genau in dem Moment mit einem Stein über den Kopf. Andrea und Marlene fallen zu Boden und bewegen sich nicht mehr. Richard ist starr vor Schreck[1]. Er kann noch nicht fassen, was Simon gerade getan hat.

„Was …? Was in aller Welt tust du da?", schreit er ihn an.

Simon hat etwas Verrücktes in den Augen. „Jetzt haben wir ein bisschen mehr Zeit. Ich würde sagen, du gräbst weiter", sagt er und kaut wieder an den Fingernägeln. Den Stein hält er noch in der anderen Hand. Richard weiß nicht, ob Simon noch klar denken kann und wie er reagiert. Er versucht, ruhig zu bleiben.

„Sieh wenigstens nach, ob Andrea noch lebt, ob sie noch einen Puls hat!", sagt Richard, aber Simon schüttelt den Kopf.

1 **starr vor Schreck sein** – *so erschrocken sein, dass man sich nicht bewegen kann*

„Das ist im Moment nicht wichtig. Wir müssen die Leiche vergraben und uns dann um das Auto kümmern. Das hast du doch gesagt, nicht wahr, Richard? Das waren deine Worte."

Richard schaut Simon an. „Du musst ihnen nichts antun[1]. Die beiden werden mit Sicherheit nichts sagen. Marlene ist deine Freundin! Wir sind doch alle Freunde", sagt Richard verzweifelt.

„Marlene ist die Liebe meines Lebens. Sie wird sicher nichts sagen. Aber Andrea ist anders. Du hast sie doch gehört – es interessiert sie nicht, ob du oder ich ins Gefängnis gehen!"

Simon kniet sich zu Marlene nieder und streichelt ihr über den Kopf. „Es tut mir so leid, mein Schatz. Ich liebe dich so sehr", sagt er liebevoll. Dann geht er hinüber zu Andrea. „Wieso hast du einfach nicht gewartet?", sagt er zu ihr und schlägt dann mehrmals heftig mit dem Stein auf sie ein."

Richard schreit auf: „Nein!"

Dann rennt er auf Simon zu und stürzt sich auf ihn. Die beiden Männer kämpfen um den Stein, der dann zu Boden fällt. Sie schlagen sich mehrmals. Simon tritt Richard in den Magen und kommt dann mit Fäusten auf ihn zu. Richard steht wieder auf und stürzt sich auf Simon, der auf den Rücken fällt. Richard drückt ihm mit beiden Händen die Kehle[2] zu. Er ist so voller Wut, dass er nicht aufhören kann. Simons Gesicht wird rot, dann blau und dann bewegt er sich nicht mehr.

Einige Momente später kommt Richard wieder zu sich und sieht, was er getan hat. Er hat seinen besten Freund umgebracht. Er steht auf und schaut auf all die Körper um ihn herum. Er geht schnell hinüber zu Andrea. Er versucht, ihren Puls zu fühlen, doch sie hat keinen mehr. Richard weint und zittert am ganzen Körper. Er geht hinüber zu Marlene. Sie liegt auf dem Rücken und schaut Richard ängstlich[3] an.

„Was hast du getan?", fragt sie ihn.

1 **jdm. etw. antun** – *etw. tun, das negative Folgen für jdn. hat*
2 **die Kehle** – *vorderer Teil des Halses*
3 **ängstlich** – *voll Angst*

„Ich wollte das nicht, wirklich. Es tut mir so leid."

„Du bist ein Monster, ihr seid alle Monster!", schreit sie ihn an. Sie schreit um Hilfe und versucht, von ihm wegzukriechen[1].

Richard hält sie zurück. „Nein, geh bitte nicht.", sagt Richard, dreht sie auf den Rücken und hält ihr seine Hände vor Mund und Nase. „Du musst ganz still sein, ja? Ganz still", sagt er. Dann erstickt[2] er sie.

Er sieht die vier Leichen um sich herumliegen und hält sich den Kopf.

„Oh Gott. Was soll ich tun? Was soll ich nur tun?", fragt er sich immer wieder.

Er bleibt einfach da sitzen und weiß nicht weiter. Dann will er das Loch weiter ausgraben, aber er hat keine Kraft mehr. Er beginnt nachzudenken: Niemand weiß, dass ich hier war. Wenn jemand die Leichen findet, denkt er sicher, dass die vier sich gegenseitig getötet haben. Ich muss mir also keine Sorgen machen.

Er lässt alle vier Leichen liegen und geht zurück zum Auto. Er steigt ein und fährt los. Bald erblickt er den Fernsehturm, er ist also bald zu Hause. Es ist alles gut, der Wald ist weit weg. Er macht Halt bei einer Autowäsche und wäscht langsam und sorgfältig sein Auto. Als er fertig ist, zündet er sich eine Zigarette an und schaut wieder zum Fernsehturm. „Er ist da, der Turm ist real", freut er sich. Er putzt auch den Innenraum des Wagens. Dann fährt er nach Hause. Er macht alles automatisch. Er duscht und legt sich ins Bett. Es wird schon alles gut ausgehen[3], denkt er. Es wird schon gut ausgehen.

Nach einigen Tagen kommt die Polizei und befragt ihn. Danach hört er nichts mehr von ihr. Also alles gut. Er kann sein Studium beenden und Anwalt werden, er kann alles tun, was er will. Aber dann kann er nicht mehr gut schlafen. Am Anfang kann er sich nachts noch einige Stunden ausruhen, aber

1 **wegkriechen –** *sich am Boden wegbewegen*
2 **jdn. ersticken –** *jdm. die Luft zum Atmen wegnehmen und so töten*
3 **gut ausgehen –** *ein glückliches Ende haben*

nach einigen Wochen schläft er überhaupt nicht mehr. Er kann überhaupt nichts mehr machen: nicht essen, nicht lernen, nicht ausgehen. Er will aus seinem Körper und seinem Kopf hinaus. Aber er ist gefangen. Für immer.

Der Berliner Fernsehturm

Der **Berliner Fernsehturm** ist das höchste Bauwerk Deutschlands. Bis zur Spitze der Antenne[1] ist der Turm 368 Meter hoch. Der Fernsehturm befindet sich zentral am Alexanderplatz im Stadtteil Berlin-Mitte. Von der Aussichtsetage[2] in 203 Metern Höhe kann man bei gutem Wetter 80 Kilometer weit sehen. Eine Etage höher gibt es ein Restaurant, das sich zweimal pro Stunde um die eigene Achse[3] dreht. Der Turmkopf unterscheidet sich von denen anderer Fernsehtürme Deutschlands: Er ist rund wie eine Kugel. Die Kugel hat einen Durchmesser[4] von 32 Metern und man kann sie aus jeder Perspektive und von weitem erkennen. Zur Fußballweltmeisterschaft 2006 verkleidete man den runden Turmkopf als Fußball.

1 **die Antenne** – *Konstruktion aus Metall, mit der man Radio- und Fernsehsignale empfängt*
2 **die Aussichtsetage** – *Stockwerk, von dem aus man eine schönen und weiten Blick hat*
3 **die Achse** – *gedachte Linie, um die etw. rotiert*
4 **der Durchmesser** – *Linie, die durch die Mitte eines Kreises oder einer Kugel geht*

3. DER UHRMACHER

Klaus sitzt in seinem Uhrengeschäft in Hamburg und sieht zu, wie die Zeit vergeht. Überall an den Wänden hängen Uhren. Das Ticken der vielen Sekundenzeiger ist recht laut, aber er hört das Ticken schon längst nicht mehr.

Klaus ist neunundfünfzig Jahre alt und arbeitet seit seiner Jugend als Uhrmacher. Er hat den Laden von seinem Vater übernommen, als dieser in Rente gegangen ist[1]. Nach dem Tod seines Vaters ist die Wohnung über dem Uhrengeschäft frei geworden und so ist er mit seiner Frau Margarete dort eingezogen. Bis heute wohnt er dort. Allein.

Als seine Frau vor drei Jahren an Krebs gestorben ist, hat er überlegt, den Laden zu verkaufen und wegzuziehen. Aber er ist geblieben. Zu viele Erinnerungen. Außerdem liebt er die Arbeit als Uhrmacher zu sehr und kann sich ein Leben ohne seinen Laden und die Werkstatt nicht wirklich vorstellen.

Die Uhren sind für ihn mehr als nur mechanische Gegenstände. Für Klaus lebt jede einzelne Uhr und er findet es sehr spannend, eine kaputte Uhr wieder zum Ticken zu bringen.

Es gibt nur wenige Tage, an denen er sich wirklich allein fühlt. Er findet immer etwas zu tun, wenn keine Kunden im Laden sind. Wenn er nicht gerade an Uhren herumschraubt[2], macht er gerne Kreuzworträtsel[3].

Jeden Mittag um Punkt zwölf Uhr geht er in die kleine Küche im hinteren Bereich des Ladens und bereitet sich etwas

1 **in Rente gehen** – *nicht mehr arbeiten müssen und Geld vom Staat bekommen*
2 **herumschrauben** – *basteln*
3 **das Kreuzworträtsel** – *Rätsel, bei dem man Wörter von links nach rechts und von oben nach unten finden muss*

zu essen zu. Nachdem er gegessen hat, geht er wieder nach vorne und macht weitere Kreuzworträtsel oder bastelt an den alten kaputten Uhren herum, die er oft auf Flohmärkten[1] findet. Meistens vergeht die Zeit schnell, aber an manchen Tagen vergeht die Zeit sehr langsam. An diesen Tagen hat er keine Lust auf die Kreuzworträtsel und die Arbeit macht auch keinen Spaß.

An solchen Tagen beobachtet er die Bewegung des Sekundenzeigers an der großen Wanduhr gegenüber seiner Ladentheke[2]. Es ist eine sehr schöne und alte Uhr, die er auf einem Flohmarkt gekauft hat. „Sie ist etwas ganz Besonderes", hat die alte Händlerin[3], die ihm die kaputte Uhr verkauft hat, gesagt.

„Sie ist sehr alt und voller Seele[4]", hat sie gesagt, als er ihr das Geld gegeben hat. Er hat vier Tage und vier Nächte gebraucht, um sie zu reparieren.

Heute noch findet er ihr Ticken sehr beruhigend und kann Stunden damit verbringen, dem Sekundenzeiger zuzusehen. Er ist dann so konzentriert, dass er keine Zeit und keinen Raum mehr spürt. Jedes Mal, wenn er wieder aus seinen Gedanken aufwacht, kommt es ihm wie ein Traum vor. Meistens denkt er an nichts Bestimmtes, wenn er dem Sekundenzeiger zusieht. Er kann sich nie genau erinnern, was ihm durch den Kopf geht, doch danach ist er immer entspannt.

Aber in letzter Zeit fühlt er sich nicht mehr entspannt, sondern sehr schwer. Auch seine Gedanken werden immer schwerer.

An diesem späten Freitagnachmittag sitzt Klaus hinter seiner Ladentheke und schaut auf die alte Wanduhr. Seit vier Wochen ist kein einziger Kunde in seinen Laden gekommen. Auch an

1 **der Flohmarkt –** *Markt, auf dem man gebrauchte Gegenstände kaufen kann*
2 **die Ladentheke –** *langer Tisch in einem Geschäft, hinter dem der Verkäufer steht*
3 **die Händlerin –** *Frau, die Waren kauft und wieder verkauft*
4 **voller Seele sein –** *sehr viel Gefühl haben*

diesem Nachmittag nicht. Er macht sich schon länger Sorgen um die Zukunft seines Geschäftes und hat keine gute Laune. Die Zeit vergeht wieder einmal nicht. Mit jeder Bewegung des Sekundenzeigers werden Zeit und Raum immer undeutlicher, bis er mit seinen Gedanken ganz weit weg ist.

Aber als er wieder aufwacht, sitzt er nicht wie üblich auf seinem Hocker[1] hinter der Ladentheke. Er steht auf einem leeren Parkplatz. Die Nacht ist kühl und ihm ist kalt. Er hat keinen Mantel an. Er schaut sich um und erkennt den Parkplatz nicht. Auch die Straßen um den Parkplatz herum sind ihm fremd. Sein Auto steht als einziges ein paar Meter von ihm entfernt.

Klaus fasst in seine Hosentasche, um nach seinem Autoschlüssel zu suchen und merkt erst dann, dass er Blut an den Händen hat. Das Blut ist bereits getrocknet. Er hat keine Ahnung, was passiert ist. Er bekommt Angst und versucht sich zu erinnern.

Hat er einen Unfall gehabt? Er sucht an seinem Körper und an seinem Kopf nach Wunden, aber er hat keine. Hat er jemanden mit dem Auto angefahren? Er schaut sich um, aber er ist allein auf dem Parkplatz. Panisch[2] rennt er zu seinem Auto zurück und sieht erst dann, dass am Kofferraum[3] Blut ist. Er nimmt den Schlüssel und schließt den Kofferraum auf. Er öffnet ihn langsam und sieht erst eine Hand, dann einen Arm und dann den ganzen Körper eines fremden Mannes. Neben der Leiche liegt eines seiner Uhrenwerkzeuge, es ist voller Blut. Ihm wird schlecht und so macht er die Kofferraumtür schnell wieder zu.

„Was ist hier passiert? Habe ich das etwa getan?", fragt er sich und versucht, sich an die letzten Stunden zu erinnern. Wer ist dieser Mann?

Seine Knie werden weich, er muss sich auf den Boden setzen. Was soll er tun? Seine Gedanken rasen[4], seine Atmung

1 **der Hocker** – *Stuhl ohne Rückenlehne*
2 **panisch** – *voller Angst*
3 **der Kofferraum** – *Laderaum hinten im Auto zum Transport von Gepäck*
4 **rasen** – *sehr schnell sein, gehen oder fahren*

geht schnell und er hat das Gefühl, dass er ohnmächtig wird.

Doch nach einigen Minuten beruhigt er sich und atmet wieder normal. Er ordnet seine Gedanken. Er hat nur zwei Möglichkeiten: Entweder zur Polizei zu gehen oder zu versuchen, die Leiche loszuwerden[1]. Klaus überlegt hin und her und am Ende entscheidet er sich für die zweite Möglichkeit.

Er steht auf und steigt ins Auto. Wohin soll er die Leiche bringen? Vergraben? Verbrennen? Ins Wasser werfen?

Er geht bei seinen Überlegungen genauso vor, wie wenn er ein Uhrwerk[2] auseinandernimmt: Jedes Teil muss später wieder zusammenpassen. Jeder Schritt muss genau geplant sein.

Er geht seinen Plan immer wieder durch, bis er ganz sicher ist, dass er nichts vergessen hat. Dann startet er den Motor und fährt in Richtung Hafen.

Das Hafengebiet ist sehr groß und er muss lange suchen, bis er einen geeigneten und ruhigen Platz findet. Zwei alte Schiffe liegen etwas weiter weg von ihm. Dieser Teil des Hafens scheint menschenleer zu sein.

Er geht auf die Suche nach Steinen, findet vier Stück in der Nähe des Ufers und trägt sie zu seinem Auto.

Er schaut sich nochmals um, um sicher zu sein, dass er allein ist. Dann öffnet er den Kofferraum. Als er die Leiche sieht, wird ihm wieder schlecht, aber er versucht trotzdem, die Leiche aus dem Kofferraum herauszuholen. Der Mann ist aber sehr schwer.

Er versucht es ein zweites Mal und kann ihn dann aus dem Wagen herausziehen und auf den Boden legen. Er fragt sich, wie er den schweren Mann in den Kofferraum hineinbekommen[3] hat, aber er kann sich immer noch an nichts erinnern. Erst als er länger auf den Mann schaut, sieht er die Wunden. Die Leiche hat vier Einstiche[4] in der Brust und zwei im Bauch.

1 **etw. loswerden** – *sich von etw. trennen*
2 **das Uhrwerk** – *alle Teile im Inneren einer Uhr*
3 **hineinbekommen** – *mit Erfolg in einen Ort bringen oder legen*
4 **der Einstich** – *Verletzung durch ein Messer*

Nur mit großer Mühe schafft er es, den Mann an das Ufer zu ziehen.

Das Wasser der Elbe[1] klatscht[2] gegen das Ufer. Er hofft, dass diese Stelle tief genug ist. Dann trägt er die Steine zur Leiche und versucht, sie in die Jacke des Mannes zu stopfen, aber nur einer der Steine passt in die Jacke. Klaus überlegt kurz und erinnert sich, dass im Auto ein Rucksack liegt. Vor einigen Wochen hat er den Rucksack für eine Wanderung gekauft, aber wandern ist er noch nicht gewesen.

Er geht zum Auto und holt den Rucksack. Er packt alle Steine hinein. Jetzt muss er dem Mann den Rucksack nur noch auf den Rücken schnallen[3]. Er zieht an seinem Arm, sodass er aufrecht sitzt, und zieht ihm den Rucksack an. Dann macht er die vorderen Riemen[4] des Rucksacks zu und versucht, die Leiche über den Rand zu stoßen. Er braucht mehrere Versuche, bis er es schafft.

Klaus schaut zu, wie der Mann immer weiter sinkt, bis er ihn nicht mehr sehen kann. Dann schaut er sich selber an: Sein Hemd ist voll verschmiert mit Blut. Auch auf dem Boden ist viel Blut.

Über ihm beginnt es zu donnern. Es regnet sicher bald, denkt Klaus. Hoffentlich wischt der Regen die Blutspuren weg.

Er geht zurück zum Auto und versucht, mit einem Tuch die Kofferraumtür sauber zu machen. Es schafft es nicht, alles zu entfernen. Er hofft, dass er das restliche Blut zu Hause in der Garage wegwaschen kann.

Während er nach Hause fährt, versucht er noch einmal, sich daran zu erinnern, was passiert ist. Aber das Einzige, was er noch weiß, ist, dass er dem Sekundenzeiger der großen Uhr zugeschaut hat.

1 **die Elbe** - *Name des Flusses, der durch Hamburg fließt*
2 **klatschen** - *etw. treffen und dabei ein lautes Geräusch machen*
3 **schnallen** - *mit Trägern oder Gurten befestigen*
4 **der Riemen** - *langes Band aus Leder, mit dem man etw. festmacht*

Zu Hause wäscht er das Auto und geht dann in den Laden.

Er setzt sich auf seinen Hocker und erst in diesem Moment wird ihm klar, was er getan hat. Er beginnt zu zittern. Er hat jemanden umgebracht …

Er hat starke Kopfschmerzen, ist müde und kann nicht mehr denken. Dann sieht er auf die alte Wanduhr. Der Sekundenzeiger tickt wie gewöhnlich. Er geht näher hin und legt sein Ohr an das Gehäuse. Er kann das Uhrwerk arbeiten hören. Aber er hört noch etwas. Es klingt wie sehr leise Stimmen. Klaus erschrickt und geht einige Schritte zurück. Die Stimmen werden immer lauter, aber er kann nicht verstehen, was sie sagen. Er hält sich die Ohren zu.

„Hört auf! Hört auf!“, schreit er, aber sie werden nur noch lauter.

Plötzlich hören die Stimmen auf. Nur noch das Ticken der Uhren ist zu hören. Er schaut auf den Sekundenzeiger der Uhr und merkt, wie er fast zu träumen beginnt. Er steht schnell auf und geht nach oben in seine Wohnung. Er schließt sich im Schlafzimmer ein. Erst Stunden später legt er sich ins Bett. Irgendwann schläft er ein, aber er schläft unruhig. Er hat Angst.

Als er aufwacht, kommt ihm alles wie ein böser Traum vor.

Aber als er das blutige Hemd auf dem Boden sieht, weiß er, dass es nicht nur ein Traum gewesen ist. Er zieht sich um, nimmt das Hemd und geht nach unten. Zuerst packt er das Hemd in eine Mülltüte. Aber einfach so wegwerfen will er es nicht. Er entscheidet sich, das Hemd zu verbrennen.

Klaus hört, wie die Tür seines Ladens aufgeht. Er hat wohl vergessen, sie zuzuschließen. Er legt die Mülltüte auf den Boden und geht nach vorne in den Laden. Ein Mann steht an der Theke und schaut sich die Uhren an den Wänden an.

„Guten Tag“, sagt der Kunde. „Meine Frau und ich sind auf der Durchreise[1]. Als ich Ihren Laden gesehen habe, musste

1 **auf der Durchreise sein** – *kurze Zeit an einem Ort sein und dann weiterfahren*

ich kurz hereinkommen. Ich sammle nämlich Uhren." Der Uhrmacher nickt und versucht zu lächeln, aber er ist noch ganz durcheinander. Der Mann schaut ihn verwundert an. „Ist alles in Ordnung mit Ihnen? Sie sehen sehr blass aus."

Klaus Brand schluckt. „Mir geht es gut. Ich hatte nur eine kurze Nacht, das ist alles. Für was für eine Uhr interessieren Sie sich denn?"

Er hat andere Gedanken im Kopf, aber er versucht, sich auf seinen Kunden zu konzentrieren. Er ist der erste seit langer Zeit.

„Ich dachte an eine kleine, feine Uhr …" Da entdeckt der Mann die alte Wanduhr und ist ganz fasziniert. „Du meine Güte[1]! Was ist das denn für eine schöne Uhr!", sagt er und geht näher heran.

„Die ist nicht zu verkaufen. Sie gehört mir", sagt Klaus.

Er hört wieder die Stimmen aus der Uhr, versucht aber, sich auf die Stimme des Mannes vor ihm zu konzentrieren.

„Das ist sehr schade. Ich suche schon länger nach so einem Stück. Ich habe nicht gedacht, so eine schöne Uhr hier zu finden."

„Ich habe sie von einem Flohmarkt. Morgen findet er wieder statt. Vielleicht versuchen Sie es dort einmal", antwortet Klaus und erinnert sich plötzlich wieder an die alte Händlerin, die ihm die Uhr verkauft hat. „Sie ist voller Seele", hat sie zu ihm gesagt.

Er hört den Kunden fragen. „Haben Sie mich gehört? Ich habe gefragt, wo dieser Flohmarkt ist."

„Der Flohmarkt ist immer samstags, hier in der Nähe", antwortet er.

„Aber heute ist doch Samstag!", sagt der Kunde. „Kommen Sie! Wir gehen zusammen auf den Flohmarkt. Ich glaube, Sie brauchen ein bisschen frische Luft." Der Mann zieht ihn mit sich.

1 **Du meine Güte!** – *Ausruf der Überraschung oder des Erschreckens*

Der Uhrmacher nimmt seine Jacke, die neben der Eingangstür hängt, und geht mit dem Mann hinaus. Er ist froh, von seinem Laden und der Uhr wegzukommen.

Der Flohmarkt ist gut besucht. Es stehen viele Händler an ihren Ständen[1] und verkaufen ihre Waren. Klaus geht sofort zu der Händlerin hinüber, von der er die Uhr hat. Der Mann kommt mit und schaut sich die Uhren an.

„Ich muss mit Ihnen reden", sagt Klaus zu der Händlerin und nimmt sie zur Seite[2]. „Sie haben mir letzte Woche eine Wanduhr verkauft und gesagt, sie ist voller Seele. Was haben Sie genau damit gemeint? Was stimmt mit der Uhr nicht?"

Die Händlerin schaut ihn erschrocken an. „Sie haben sie gehört?"

„Wenn Sie die Stimmen meinen, ja, ich habe sie gehört", antwortet Klaus.

Der Mann von vorhin will der Händlerin eine Frage zu einer der Uhren stellen. „Ich bin gleich bei Ihnen, einen Moment bitte", sagt sie und dreht sich wieder zu Klaus.

„Ich habe diese Uhr von einem Freund gekauft. Es ging ihm nicht gut. Zwei Wochen später hat er sich umgebracht." Ihre Augen füllen sich mit Tränen. „Er erzählte mir, dass die Uhr früher einem Soldaten im Zweiten Weltkrieg gehört hat. Ich habe über ihn recherchiert[3] und herausgefunden, dass er ein sehr schlechter Mann gewesen ist, der viele Menschen umgebracht hat. Danach habe ich begonnen, die Stimmen aus der Uhr zu hören, und habe sie sofort wieder verkauft."

„Wieso haben Sie die Uhr nicht einfach zerstört[4]?"

„Sie ist viel wert. Das ist gutes Geld. Ich brauche das Geld zum Leben", antwortet die Händlerin und geht dann hinüber zu dem wartenden Mann.

1 **der Stand** – *Verkaufstisch auf einem Markt*
2 **jdn. zur Seite nehmen** – *mit jdm. allein sprechen*
3 **recherchieren** – *nach Informationen suchen*
4 **zerstören** – *kaputt machen*

Auf dem Weg zurück zu seinem Uhrenladen kann Klaus nicht glauben, was er gerade gehört hat. Er beschließt, die Wanduhr selbst zu zerstören. Er überlegt: Sie nur kaputt zu machen, ist nicht genug. Ich muss sie verbrennen und die Asche[1] vergraben.

Klaus plant noch einmal alles durch und geht dann in seinen Laden hinein. Er nimmt die Uhr von der Wand, geht in die Garage und wirft sie in den Kofferraum. Er packt auch eine Axt[2], ein Feuerzeug und eine Schaufel ein. Dann fährt er los.

Als er weit genug gefahren ist, hält er vor einem Stück Wald. Er nimmt die Wanduhr, die Axt, die Schaufel und das Feuerzeug und geht in den Wald hinein. Nachdem er einen guten Platz gefunden hat, fängt er an, mit der Axt auf die Uhr zu schlagen. Er schlägt, bis sie kaputt ist und das Ticken aufhört. Dann gräbt er ein Loch, wirft alle Teile hinein und zündet sie an. Er sieht zu, wie die Reste der Wanduhr brennen. „Endlich! Endlich bin ich frei!", sagt er sich und atmet das erste Mal seit der letzten Nacht frei durch. Als die Wanduhr verbrannt ist und nur noch Asche übrig bleibt, beginnt er, das Loch mit Erde zu bedecken.

„Nie wieder diese schrecklichen Stimmen. Nie wieder so eine Angst", sagt er sich, als er im Auto nach Hause fährt.

Als er in seinem Laden ankommt, sind seine Freude und Erleichterung[3] sehr groß. Er versucht, nicht an die vergangenen Tage zurückzudenken. Er ist sich sicher, dass die Uhr schuld war und nicht er.

Die anderen Uhren in seinem Laden zeigen an, dass es zwölf Uhr mittags ist. Er geht in die Küche, um sich etwas zu essen zuzubereiten. Als er fertig ist, geht er wieder in den Laden und wartet auf neue Kunden.

1 **die Asche –** *graues Pulver von einem verbrannten Material*
2 **die Axt –** *Werkzeug, mit dem man Holz in Stücke hacken kann*
3 **die Erleichterung –** *Gefühl, dass man von Stress befreit ist*

Als nach einer Stunde niemand kommt, beginnt er Kreuzworträtsel zu machen und an einer Damenarmbanduhr zu arbeiten. Er fühlt sich nicht mehr so schwer und traurig, aber ihm ist langweilig.

Neben der leeren Stelle, an der vorher die alte Wanduhr gehangen hat, ist eine etwas kleinere, weiße Uhr. Sie ist einfacher, aber trotzdem sehr schön. Klaus liebt diese Uhr. Er fängt an, auf die Sekundenzeiger zu schauen. Und langsam verschwinden Raum und Zeit, bis sie ganz weg sind.

Als Klaus aufwacht, ist es Nacht und er ist in dem Waldstück vom Morgen. Er steht über eine Frau gebeugt und schlägt auf sie ein. Ihr Kopf ist voller Blut.

Er ist völlig außer Atem und schaut einen Moment lang nach oben in die Baumkronen[1]. Die Blätter wehen hin und her. Das Geräusch ist sehr beruhigend.

Dann mischt sich das Geräusch mit den leisen Stimmen. „Bring sie um, bring sie um, bring sie um!“ Dann schlägt er noch einmal auf die Frau ein.

1 **die Baumkrone** - *oberer Teil eines Baums*

Der Hamburger Hafen

→ Der **Hamburger Hafen** ist einer der größten und wichtigsten Seehäfen auf der ganzen Welt. Seine Größe beträgt ein Zehntel von ganz Hamburg. 156.000 Arbeitsplätze in Hamburg hängen mit dem Hafen zusammen. Er ist Europas größter Importhafen für Kaffee und weltweit einer der führenden Umschlagplätze[1] für Kaffee, Tee, Kakao und Gewürze. Jährlich kommen circa 10.000 Seeschiffe[2] am Hamburger Hafen an. Er verbindet zudem 950 andere Häfen in 178 Ländern auf allen Kontinenten miteinander. Deshalb nennt man ihn auch „das Tor zur Welt".

1 **der Umschlagplatz** – *Ort, an dem Waren von einem Transportmittel auf ein anderes geladen werden*
2 **das Seeschiff** – *großes Schiff, das auf dem Meer fährt*

4. DAS MOTEL

Die Londoner Touristen Ben und Mary laufen schweigend nebeneinander her. Seit zwei Stunden hat das Paar kein Wort mehr miteinander gesprochen. Ben und Mary machen eine Rundreise durch Europa. Sie sind beide müde und schlecht gelaunt, denn sie haben nicht mehr viel Geld.

Es regnet und der Wind weht sehr stark. Mit ihren schweren Rucksäcken laufen sie an der Landstraße entlang, in Richtung des Motels, das sie im Internet gefunden haben. Immer wieder halten sie an und strecken den vorbeifahrenden Autos ihre Daumen entgegen. Doch kein Auto hält an. Vor zwei Stunden hatten sie ihre letzte Mitfahrgelegenheit[1] mit einem Lkw-Fahrer.

Das Motel liegt außerhalb der Stadt Linz. Mary will dort unbedingt das Festival für Medienkunst besuchen. Ben und Mary sind bereits durch Frankreich, Italien, die Schweiz und Deutschland gereist. Von Österreich aus wollen sie wieder zurück nach London fliegen. Sie haben noch Geld für zwei Übernachtungen. Die Rückflugtickets haben Marys Eltern spendiert[2].

Zu Beginn ihrer Reise hatten sie noch eine Menge Spaß und haben sich auf das gemeinsame Abenteuer gefreut. Ben und Mary sind seit zwei Jahren ein Paar, aber sie wohnen noch nicht zusammen: Die Mieten in London sind sehr teuer.

Ben und Mary sind eigentlich glücklich, doch seit sie in Österreich sind, sind sie nicht mehr sicher, ob sie überhaupt als Paar zusammenpassen. Sie haben sich während ihrer Reise

1 **die Mitfahrgelegenheit** – *Möglichkeit, im Auto einer (fremden) Person mitzufahren*
2 **spendieren** – *schenken, für jdn. bezahlen*

sehr oft gestritten. Dabei waren es meistens Kleinigkeiten, aber beide sind sehr stur[1] und keiner wollte dem anderen Recht geben. Einmal haben sie sich in Wien gestritten, als Ben nach einem Einkauf im Supermarkt in ihr Hostel[2] zurückgekommen ist. Mary war wütend darüber, dass Ben zu viel Geld ausgegeben hat. Sie hat ihm sogar den Kassenzettel laut vorgelesen.

„Du hast fast vier Euro für Süßigkeiten ausgegeben! Ich wollte, dass du uns nur eine günstige Tafel Schokolade mitbringst. Schokolade gibt es hier bereits für vierzig Cent!", hat sie ihn angeschrien.

„Ich wollte dir nur eine Freude machen, aber du siehst ja in allem nur das Negative! Nichts ist gut genug – alles ist schlecht: Das Zimmer ist schmutzig, die Betten sind zu klein, es gibt nicht genug Kissen und das Essen schmeckt dir nicht!"

„Das stimmt doch überhaupt nicht!", hat sie geantwortet. Aber in Wahrheit hat sie seit zwei Wochen nichts Positives mehr gesagt.

„Na gut, wenn du willst, bringe ich die Süßigkeiten eben wieder zurück! Kein Problem", hat Ben gesagt und ist zur Tür gegangen.

„Du verstehst echt nichts!", hat sie gesagt und ein Kissen nach ihm geworfen.

Ben hat verstanden, dass es Mary in diesem Streit nicht um die vier Euro gegangen ist. Sie war sich einfach nicht sicher, ob sie in Zukunft ohne Probleme miteinander leben können. Ben ist zurück in den Supermarkt gegangen, hat sich eine Dose Bier geholt und es auf einer Parkbank getrunken. Erst dann ist er wieder zu Mary ins Hostel gegangen. Danach haben sie nur noch wenig miteinander geredet.

Das letzte Mal haben sie sich gestritten, als ein Lkw-Fahrer sie mitgenommen hat. Der Fahrer wollte sie eigentlich bis nach Linz bringen. Aber Ben hat mit dem Lastwagenfahrer ein

1 **stur** – *nicht bereit, die eigene Meinung zu ändern*
2 **das Hostel** – *günstige Unterkunft*

Gespräch über Politik begonnen. Das Gespräch hat im Streit geendet. Ben und Mary mussten aussteigen und die letzten acht Kilometer zu Fuß gehen.

Dann hat es zu regnen begonnen und der Wind weht sehr stark.

Mary ist stinksauer[1]. „Du konntest einfach nicht aufhören, nicht wahr? Du musstest ja weiter mit dem Mann diskutieren. Warum hast du nicht einfach die Klappe gehalten[2]? Wir waren schon fast da!"

Ben weiß auch nicht genau, warum er nicht einfach aufgehört hat, mit dem Mann zu streiten. Vielleicht musste er einfach all die Wut der vergangenen Wochen rauslassen.

Mary geht weiter die Landstraße entlang. Ben folgt ihr. Er spürt, dass sie kurz vor der Trennung stehen.

Endlich kommen sie im Motel an. Es sieht alt und heruntergekommen[3] aus. An der Rezeption sitzt ein Mann um die 50. Er ist dick und hat eine Glatze. Er raucht gerade eine Zigarette und schaut auf einen kleinen Fernsehbildschirm.

Ben und Mary stehen vor ihm an der Rezeption, aber er sieht sie nicht an.

„Guten Abend", sagt Ben, aber der Mann antwortet nicht, sondern lacht laut über die Sendung im Fernsehen.

„Wir hätten gerne ein Zimmer", sagt Mary.

Der Mann zeigt auf die kleine Tischklingel vor ihnen. Ben und Mary sehen sich an. Ben drückt auf die Klingel und der Mann dreht sich zu ihnen um.

„Willkommen im Motel Rachman", sagt er. „Was kann ich für Sie tun?"

„Wir möchten gerne ein Doppelzimmer für eine Nacht."

„Wir haben momentan keine Doppelzimmer. Wir haben nur noch Einzelzimmer."

1 **stinksauer (ugs.)** – *sehr verärgert*
2 **die Klappe halten (ugs.)** – *ruhig sein*
3 **heruntergekommen** – *in sehr schlechtem Zustand, ungepflegt*

„Aber im Internet steht, dass Sie Doppelzimmer haben", sagt Ben genervt.

„Das Internet weiß also mehr als ich. Mein Name ist Rachman, mir gehört das Motel."

„Das habe ich nicht gesagt. Aber hinter Ihnen hängen noch viele Zimmerschlüssel."

Herr Rachman dreht sich um und betrachtet die Wand mit den Schlüsseln. „Ja, hier sind viele Schlüssel", sagt er und dreht sich wieder zu Ben und Mary um. „Aber die Doppelzimmer sind trotzdem nicht verfügbar[1]. Sie nehmen also entweder zwei Einzelzimmer oder Sie gehen wieder."

Ben ist bereits so wütend, dass er wieder gehen will. „Komm mit, Mary, wir gehen woanders hin."

Mary ignoriert Ben und spricht den Besitzer an: „Wir nehmen die zwei Einzelzimmer. Vielen Dank. Bitte entschuldigen Sie meinen Freund. Wir hatten einen sehr langen Tag." Mary will für die zwei Einzelzimmer bezahlen, aber Ben nimmt sie zur Seite[2].

„Was tust du da? Die Zimmer kosten mehr als 40 Euro."

„Das ist mir egal. Ich muss mich ausruhen."

„Dann zahl doch einfach für *ein* Einzelzimmer."

„Die Betten sind nicht für zwei gedacht", sagt Rachman.

Mary gibt dem Mann das Geld für zwei Einzelzimmer und geht dann mit ihrem Rucksack zur Treppe. Ben sieht ihr hinterher. Rachman legt Bens Zimmerschlüssel auf den Rezeptionstisch.

„Ich wünsche Ihnen noch einen angenehmen Aufenthalt", sagt Rachman und dreht sich wieder dem Fernseher zu.

Ben nimmt den Schlüssel und geht auf sein Zimmer im ersten Stock: Es ist klein und es riecht nach Mottenkugeln[3]. Die Vorhänge sind zugezogen und das Bett ist gemacht. Aber

1 **verfügbar** – *für den Gebrauch vorhanden, frei*
2 **jdn. zur Seite nehmen** – *mit jdm. allein sprechen*
3 **die Mottenkugel** – *Mittel gegen Motten (Insekten, die Löcher in Kleidung machen)*

als er seinen Rucksack neben das Bett stellt, sieht er eine dicke Schicht mit Staub auf dem Nachttisch. Er öffnet die Vorhänge ein wenig. Es ist früher Abend und es regnet noch immer in Strömen[1]. Vom Fenster aus kann er direkt auf die Landstraße sehen.

Er legt sich aufs Bett und überlegt, ob er zu Mary gehen soll. Aber noch während er darüber nachdenkt, schläft er ein.

Er wacht am nächsten Morgen auf und fühlt sich sehr schlecht. Er hat Kopfschmerzen und seine Beine tun ihm immer noch vom vielen Gehen weh.

Als Erstes geht er ins Bad und duscht sich. Dann zieht er sich an und ruft Mary auf dem Handy an, aber sie nimmt nicht ab. Dann nimmt er seinen Rucksack und geht nach unten. Niemand sitzt an der Rezeption. Ben klingelt mehrmals, aber niemand kommt.

Er geht nach draußen und streckt sich. Er hört Schritte auf dem Kieselweg[2] und geht hinter das Haus. Er sieht, dass Rachman eine Eisentür[3] zumacht. An der Tür sind fünf Schlösser, die Rachman alle zuschließt. Er erschrickt, als er sich zu Ben umdreht.

„Was tun Sie hier hinten?", fragt er wütend. „Dieser Bereich ist privat." Er kommt mit großen Schritten auf Ben zu „Gehen Sie!"

Ben bleibt aber ruhig stehen. „Was verstecken Sie denn dort?", fragt er ihn mit einem Grinsen[4]. Er will ihn ein bisschen ärgern.

Aber Rachman findet die Frage gar nicht lustig „Sie und Ihre Freundin verschwinden jetzt."

1 **in Strömen regnen** – *sehr stark regnen*
2 **der Kieselweg** – *Weg, der mit kleinen Steinen bedeckt ist*
3 **die Eisentür** – *Tür aus einem schweren Metall*
4 **das Grinsen** – *freches Lächeln*

„Kein Frühstück?“, fragt Ben im Spaß. Er findet es amüsant[1], dass sich der Besitzer so aufregt. „Aber Sie haben recht“, fährt Ben fort. „Wir müssen sowieso weiter. Sagen Sie mir einfach, in welchem Zimmer meine Freundin ist, und wir machen uns gleich auf den Weg.“

„Sie ist im zweiten Stock. Zimmer 21. Sie haben zwanzig Minuten“, sagt Rachman.

„Sonst passiert was?“, fragt Ben etwas ernster.

„Sonst schmeiße ich Sie raus[2]!“

Ben geht zurück ins Motel und sucht nach Zimmer 21. Er findet es am Ende des Flures auf der rechten Seite. Die Tür ist leicht geöffnet. Er geht hinein und findet Marys Rucksack auf dem Bett. Sie hat noch nicht zu Ende gepackt. Die Badezimmertür ist zu.

„Wir müssen gleich los!“, ruft er Mary durch die Badezimmertür zu, doch sie antwortet nicht.

„Mary? Mach bitte die Badezimmertür auf“, ruft er weiter. Als er wieder nichts von ihr hört, beginnt er, an dem Türgriff zu rütteln. „Mary? Kannst du mich hören?“, ruft er und schlägt ein paar Mal mit der Faust gegen die Tür. Dann wirft er sich mit der Schulter gegen die Tür und bricht sie auf. Mary ist aber nicht da. Er geht zurück ins Zimmer und durchsucht ihren Rucksack. Darin sind nur wenige Kleidungsstücke. Ihr Reisepass, ihre Geldbörse und ihre Toilettenartikel[3] fehlen. Ben geht aus dem Zimmer und wieder hinunter zu Rachman. Dieser gießt[4] gerade eine Pflanze im Eingangsbereich.

„Haben Sie meine Freundin gesehen?“, fragt Ben.

„Nein, habe ich nicht“, sagt er, ohne Ben anzusehen.

„Sie ist nicht in ihrem Zimmer, ich weiß nicht, wo sie sein könnte.“

1 **amüsant** – *lustig, unterhaltsam*
2 **jdn. rausschmeißen (ugs.)** – *jdn. aus einem Raum oder Haus entfernen*
3 **der Toilettenartikel** – *Produkt für die Körperpflege (z. B. Seife, Creme, Zahnpasta)*
4 **gießen** – *einer Pflanze Wasser geben*

Rachman hebt den Kopf. „Versuchen Sie's doch im Bad ...", sagt er gelangweilt und setzt die kleine Gießkanne ab.

„Die Tür war abgesperrt, die Dusche war aber an. Ich habe die Tür aufgebrochen, aber sie ist nicht im Bad", beginnt Ben nervös zu erzählen.

„Sie haben was?", fragt Rachman laut und gar nicht mehr gelangweilt. „Sie müssen für den Schaden bezahlen, das ist Ihnen doch wohl hoffentlich klar?"

Ben kann nicht klar denken. Er nickt Rachman zu, dass er den Schaden bezahlen wird, dann erzählt er weiter.

„Ihr Rucksack ist noch da und auch ein paar ihrer Kleider, aber ihr Pass fehlt und auch unser Geld." Ben reibt sich über die Stirn. Rachman sieht ihn gleichgültig[1] an. „Tja, da kann ich Ihnen leider auch nicht helfen. Ich darf Sie bitten, Ihr Zimmer zu räumen. Ich werde Ihnen die Rechnung der Reparatur zuschicken. Dafür brauche ich nur noch Ihre Kontaktdaten[2]."

Ben sieht Rachman wütend an. „Haben Sie mir nicht zugehört? Meine Freundin ist verschwunden!"

Der Motelbesitzer geht hinter die Rezeption und schaltet den Fernseher an.

„Vielleicht ist sie spazieren gegangen", sagt Rachman. Seine Augen sind wieder auf den Fernseher fixiert.

Ben schlägt einmal fest auf die Klingel auf dem Rezeptionstisch. „Sie nehmen jetzt Ihren Blick von dem verfluchten Fernseher und helfen mir, sie zu suchen. Rufen Sie die Polizei!"

Rachman sieht ihn erschrocken an und wird dann wütend. „Den Teufel werde ich tun[3]! Sie verlassen sofort mein Grundstück, haben Sie das verstanden?"

„Oder was? Sie rufen die Polizei? Von mir aus gern! Rufen Sie die Polizei!"

1 **gleichgültig –** *ohne Interesse*
2 **die Kontaktdaten (Plural) –** *Adresse und Telefonnummer*
3 **Den Teufel werde ich tun! –** *Ausruf des Ärgers, wenn man etw. nicht tun will*

Rachman greift unter den Tisch und holt eine Schusswaffe hervor. Er richtet sie auf Ben. „Die Waffe ist geladen. Denken Sie nicht, dass ich sie nicht benutze!“

„Das würden Sie nicht tun“, sagt Ben.

„Sie können es ja riskieren. Sicher können Sie sich da aber nicht sein.“

Ben überlegt. „Okay. Hören Sie. Es tut mir leid, dass ich Ihre Tür kaputt gemacht habe. Ich werde sie bezahlen. Aber ich bitte Sie nochmal: Rufen Sie die Polizei. Hier stimmt etwas nicht.“

Rachman schwitzt sehr stark. Er hält die Waffe weiter auf Ben gerichtet.

„Das kann ich leider nicht tun. Und jetzt sage ich es noch ein letztes Mal. Nehmen Sie Ihre Sachen und verschwinden Sie von hier!“

Ben sieht auf die Waffe und geht langsam rückwärts durch die Eingangstür des Motels nach draußen.

Wo könnte Mary nur sein? Rachman ist nicht mehr zu sehen. Er hat seinen Platz hinter der Rezeption verlassen.

Ben sieht sich um. Es gibt keine weiteren Häuser. Das Motel steht als einziges an der Landstraße. Mary muss also noch in der Nähe sein.

Ben sieht in die Richtung der Eisentür und bekommt plötzlich Angst. Er geht hin und legt ein Ohr an die Tür. Erst ist es ganz still, aber dann hört er eine Stimme. Sie ist schwach, aber es ist definitiv eine weibliche Stimme. Er kann nicht verstehen, was sie sagt – sie ist wirklich sehr schwach.

„Mary!“, ruft er „Ich bin hier, Mary!“ Ben nimmt sein Handy aus dem Rucksack und wählt den Notruf. In diesem Moment kommt Rachman mit der Waffe auf ihn zu.

„Gehen Sie sofort von meinem Grundstück runter!“

„Sie kranker Mensch! Was haben Sie mit meiner Freundin gemacht?“, schreit Ben.

„Sie werden jetzt sofort verschwinden oder ich jage Ihnen eine Kugel in den Kopf!“, schreit Rachman zurück.

„Tun Sie's doch. Ich habe die Polizei gerufen. Mal sehen, was sie zu Ihrem Versteck sagt.“

„Ich warne Sie. Werfen Sie Ihr Telefon weg und hauen Sie ab[1]! Das ist meine letzte Warnung!“

Ben kann hören, wie jemand am anderen Ende der Telefonleitung fragt: „Hallo? Können Sie mich hören? Sie haben den Notruf gewählt. Befinden Sie sich in Gefahr?“

„Nehmen Sie erst die Waffe runter, Herr Rachman. Sie wollen mich doch nicht wirklich erschießen …“, sagt Ben laut und hofft, dass die Telefonistin in der Notrufzentrale ihn hören kann.

„Ich nehme die Waffe runter, wenn Sie von meinem Grundstück gehen!“

„Wo befinden Sie sich?“, fragt die Telefonistin.

„Wo halten Sie meine Freundin gefangen? Ist sie vielleicht doch noch in Ihrem Motel?“, sagt er wieder sehr laut.

„Ich habe Ihren Standort[2] gefunden. Ich schicke sofort eine Polizeieinheit[3] los. Sie wird in etwa zwanzig Minuten bei Ihnen sein“, sagt die Telefonistin, bevor Rachman zu Ben geht und ihm das Handy wegnimmt.

Rachman legt auf. „Sie haben also gerade die Polizei gerufen …“, sagt er. Rachman klingt sehr ruhig.

Das macht Ben nervös. „Hören Sie. Die Polizei ist auf dem Weg. Es ist vorbei, verstehen Sie? Die Polizei wird diese Tür aufbrechen und meine Freundin befreien.“

Rachman sieht Ben an. Er lächelt böse und zielt mit der Waffe genau auf Bens Brust. „Nein, da irren Sie sich. Ich kann noch etwas tun“, sagt er und schießt. Ben wirft sich auf den Boden, aber die Kugel trifft ihn am Arm. Er versucht, schnell wieder aufzustehen, aber Rachman schießt ihm ins Bein. Ben schreit vor Schmerz.

„Warten Sie! Warten Sie!“, ruft er verzweifelt, als Rachman über ihm steht und die Waffe auf seinen Kopf richtet. „Bitte tun Sie das nicht. Ich wollte doch nur mit meiner Freundin eine Reise machen. Es tut mir leid. Ich sage der Polizei, dass

1 **Hauen Sie ab! (unhöflich)** – *Gehen Sie weg!*
2 **der Standort** – *Ort, an dem sich jemand gerade befindet*
3 **die Polizeieinheit** – *Gruppe von Polizisten*

es ein Fehler war. Lassen Sie mich gehen, bitte!", fleht[1] Ben und Rachman genießt[2] diesen Moment sehr.

„Sie sind ein dummer, dummer Mensch", sagt Rachman und lacht. „Ihre Freundin hat Sie verlassen. Sie ist einfach weggegangen und hat nur das Wichtigste mitgenommen. Schon sehr früh am Morgen ist sie runter an die Rezeption gekommen und hat mir einen Briefumschlag[3] für Sie gegeben. Darin sind ein Ticket nach London und 100 Euro. Ich wollte Ihnen den Brief vorhin noch geben, aber dann haben Sie mich angeschrien", sagt Rachman und steckt den Briefumschlag wieder ein.

„Bitte tun Sie das nicht. Ich sage kein Wort, ich sage kein Wort", fleht Ben weiter.

Rachman sieht ihn an und schießt ihm dann in den Kopf. „Ja, da haben Sie recht. Sie sagen kein Wort mehr, kein Wort", sagt Rachman und zieht Ben zu der Eisentür, schließt sie auf und zieht Ben eine Treppe hinunter. Unten sitzt eine Frau, die Rachman ansieht. Er schießt und lässt sie liegen. Als er wieder nach draußen tritt, steht die Polizei da und zielt auf ihn.

„Keine Bewegung!", schreit ein Polizist. „Werfen Sie die Waffe weg!"

Rachman versteht, dass es vorbei ist. Er hat die Waffe immer noch in der Hand. Er lacht laut und hebt seine Waffe. Im selben Moment schießen die beiden Polizisten. Rachman ist sofort tot.

Als Mary wieder zu Hause in London ist, erfährt sie von Bens Tod. In den Nachrichten sieht sie Bens Passfoto und das Foto einer Frau, die für Rachman gearbeitet hat. Sie sinkt zu Boden, ihr Schmerz ist riesengroß. Sie wollte Ben von ihrer Schwangerschaft[4] erzählen, wenn er wieder in London war. Sie wollte sich für ihr seltsames Verhalten während ihrer Reise entschuldigen. Sie wollte …, aber es ist zu spät.

1 **flehen** – *intensiv um etw. bitten*
2 **genießen** – *Freude empfinden*
3 **der Briefumschlag** – *Papierhülle für einen Brief*
4 **die Schwangerschaft** – *Zustand, in dem eine Frau ein Kind im Bauch hat*

Linz, Österreich

Linz liegt in Oberösterreich und ist nach Wien und Graz die drittgrößte Stadt in Österreich. Es liegt am Fluss Donau und hat etwas über 200.000 Einwohner. Die Stadt ist vor allem für ihr reiches Angebot an Veranstaltungen im Kunst- und Kulturbereich bekannt. International bekannt ist das Festival *Ars Electronica*, das jedes Jahr im September stattfindet. Seit 1979 ist das Festival ein Ort für Projekte, die Kunst, Technologie und Gesellschaft kreativ miteinander verbinden. Die Veranstaltung ist so erfolgreich, dass es seit 2009, als Linz Kulturhauptstadt Europas war, auch ein Museum für digitale Medienkunst gibt, das *Ars Electronica Center*.

5. DER MASKENBALL

Viele Fotografen und Journalisten stehen am roten Teppich vor einem wunderschönen Gebäude in Wien und warten darauf, dass die nächsten Gäste kommen. Es ist acht Uhr abends und der Maskenball[1] beginnt bald.

Nach und nach fahren die Autos mit den Gästen vor. Jedes Mal, wenn ein Gast aus einem Auto aussteigt und auf dem roten Teppich die Treppe zum Ballsaal[2] hochgeht, blitzen die Kameras der Fotografen auf.

Im ersten Stock genießen die Reichen und Schönen Wiens den Abend mit Champagner und Kaviar. Die Männer unterhalten sich über ihre Autos und ihre Arbeit und tanzen Walzer mit ihren Frauen. Die Abendkleider und Masken der Damen sind fast genauso teuer wie der Schmuck, den sie tragen. Die Herren tragen elegante Smokings und teure Uhren.

Als die letzten Gäste eintreffen, blitzen die Kameras noch mehr. Meistens treffen die prominenten Gäste aus Film und Fernsehen erst zum Schluss ein. So bekommen sie die meiste Aufmerksamkeit von den Fotografen.

Eine bekannte Schauspielerin und ihr Mann gehen als Letztes über den roten Teppich, dann ist es für die Fotografen und Journalisten auch Zeit hineinzugehen. Morgen müssen nämlich viele Fotos und Berichte über die Veranstaltung in den Zeitungen und Magazinen stehen.

Albert Neuhauser ist als Fotograf bei einem kleinen Magazin namens *Stadt & Leute* angestellt. Mit seinen 25 Jahren ist er auch einer der Jüngsten bei dieser Veranstaltung. Albert

1 **der Maskenball** – *Fest, bei dem man tanzt und eine Maske trägt*
2 **der Ballsaal** – *großer festlicher Raum*

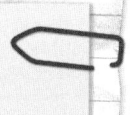

ist mit Wolfgang Zimmermann gekommen, einem Journalistik-Studenten. Wolf, wie alle ihn nennen, arbeitet auch für das Magazin.

Im ersten Stock, wo die Veranstaltung stattfindet, werden ihre Presseausweise[1] genau kontrolliert. Der Türsteher[2] schaut beide kritisch an, lässt sie aber hinein.

Wolf soll Interviews mit einigen Gästen machen. Er ist sehr aufgeregt, weil auch einer seiner Lieblingsschauspieler da ist und er ihn unbedingt interviewen will. Albert und Wolf stehen im Flur vor dem Saal, etwas abseits von den Gästen, um noch kurz miteinander zu sprechen.

„Bist du bereit?", fragt Wolf nervös. Er zuckt immer wieder mit den Schultern und Albert fragt sich, ob er vielleicht Drogen genommen hat.

„Alles okay mit dir?", fragt Albert besorgt. Wolf ist sehr nett, aber manchmal ein bisschen komisch.

„Aber klar doch! Warum fragst du?"

„Nur so. Du wirkst irgendwie ein bisschen nervös."

„Keine Sorge, ich hab' nur zu viel Kaffee getrunken", sagt Wolf und holt sein Aufnahmegerät[3] aus seinem Jackett.

„Willst du die Interviews nicht lieber aufschreiben? Dort drin ist es sehr laut. Du wirst nicht viel auf der Aufnahme verstehen, wenn die Leute sprechen."

„Mach dir mal keine Sorgen um mich. Lass mich einfach meine Arbeit machen. Kümmere du dich lieber um deine Sachen", sagt Wolf beleidigt[4].

Albert hofft, dass er selbst konzentriert bleibt und gute Fotos machen kann. Wolf geht an ihm vorbei und ist Sekunden

1 **der Presseausweis** – *Dokument, mit dem Journalisten Zutritt zu einer Veranstaltung haben*
2 **der Türsteher** – *Person, die an der Tür eines Lokals steht und für die Sicherheit zuständig ist*
3 **das Aufnahmegerät** – *Gerät, mit dem man Gespräche aufnehmen kann; Diktiergerät*
4 **beleidigt** – *emotional verletzt*

später in der Menschenmenge[1] verschwunden. Albert ändert noch einige Einstellungen an seiner Kamera und geht dann auch in den Saal hinein.

Es ist sehr schwer, an den vielen Gästen vorbeizukommen. Albert versucht, Wolf in der Menge zu finden. Dann sieht er ihn mit einem Champagnerglas in der Hand vor einem Politiker stehen. Mit der anderen Hand hält er ihm das Aufnahmegerät ins Gesicht. Der Politiker sieht genervt aus und geht dann weg.

Albert hat es nicht geschafft, ein Foto von dem Politiker zu machen.

„Na toll. Jetzt ist er weg“, sagt er, als er bei Wolf ankommt.

„Ganz ruhig. Politiker sind eh nicht so wichtig. Lass uns die Schauspieler suchen, die bringen mehr Geld.“

Wolf trinkt den ganzen Champagner leer und nimmt sich ein zweites Glas von einem Tablett.

„Halt! Stopp!“, ruft Albert zu Wolf, als er einen anderen Politiker sieht. Aber Wolf sucht die ganze Zeit nur nach seinem Lieblingsschauspieler.

„Warte!“, sagt Albert und hält Wolf am Arm fest. „Wir werden keine fünf Interviews machen, wenn du nicht aufhörst, nur nach diesem einen Schauspieler zu suchen!“

„Du verstehst echt nichts. Wenn wir Tom Milevic kriegen, dann haben wir den Jackpot[2], verstehst du? Er ist ein internationaler Star!“

„Aber der Chef hat doch gesagt, wir sollen Politiker interviewen.“

„Der hat doch keine Ahnung. Was das Magazin braucht, ist eine große Geschichte mit einem noch viel größeren Star!“, sagt Wolf.

Sie gehen zurück zum Eingang des Ballsaals.

„Was tun wir jetzt?“, fragt Albert.

1 **die Menschenmenge** – *große Gruppe von Menschen*
2 **der Jackpot** – *Hauptgewinn*

Wolf geht nach rechts den langen Flur entlang bis zur Herrentoilette. Albert folgt ihm. Wolf geht hinein und zündet sich dort eine Zigarette an.

„Wir warten", sagt er lächelnd und zieht an seiner Zigarette. Albert will wieder zurück in den Saal und ist wütend auf Wolf. „Weißt du, du wirst mit deiner arroganten Art noch deinen Job verlieren. Und so wie es aussieht, ich meinen Job auch. Du hast keine Ahnung, in was für Schwierigkeiten du uns bringst, und es ist dir anscheinend auch egal", sagt er zu Wolf.

Albert will noch etwas sagen, aber im selben Moment kommt Tom Milevic aus einer der Toiletten und geht zum Waschbecken.

Wolf schaut aufgeregt zu Albert, dann räuspert er sich[1] und geht hinüber zu Milevic.

„Entschuldigen Sie. Mein Name ist Wolf Zimmermann und das ist Albert Neuhauser. Wir sind vom Magazin *Stadt & Leute* und möchten Sie gerne kurz interviewen."

Der Schauspieler sieht genervt zu den zwei jungen Männern.

„Sie denken wohl, dass Sie ganz schlau[2] sind, nicht wahr. Aber Sie sind nicht der erste, der die Idee hat, in einer öffentlichen Toilette auf mich zu warten. Sie sind nicht normal, wissen Sie das?"

Wolf hat eine solche Reaktion nicht erwartet. Er ist einen Moment lang sprachlos, aber dann schafft er es, weiter zu reden. „Wir wollten Sie wirklich nicht stören. Wir möchten nur ein kurzes Interview mit dem berühmtesten Actionstar der Welt."

Milevic freut sich über das Kompliment und lächelt. „Na, da haben Sie den richtigen Mann gefunden." So einfach ist das also, denkt sich Albert.

Wolf nimmt eine winzige Dose aus seiner Anzugtasche, öffnet sie und gibt etwas weißes Pulver auf einen kleinen Tisch neben dem Waschbecken. Dann bietet er es Milevic an.

1 **sich räuspern -** *leicht husten*
2 **schlau -** *klug, reich an guten Ideen*

Milevic starrt auf das Kokain und nimmt dann etwas davon. Albert steht fassungslos daneben und wird mit jeder Sekunde wütender.

„Ich gehe jetzt“, sagt er, aber Wolf hält ihn zurück.

„Ich denke nicht. Wir brauchen noch ein Foto.“

Milevic lehnt sich gegen das Waschbecken, lächelt breit und zufrieden.

„Das ist gut“, sagt er zu Wolf. „Wo hast du es her?“

„Von einem Freund von mir. Der verkauft nur das Beste.“

Albert wird ungeduldig: „Wolf, ich mache jetzt noch ein paar Fotos von den Gästen im Ballsaal. Wenn du schlau bist, kommst du mit und machst endlich deine Arbeit.“

„Albert, dies hier *ist* der Job“, sagt Wolf.

„Der ist noch nicht lange dabei. Er weiß noch nicht, wie das hier funktioniert“, erklärt er Milevic.

Milevic lacht. „Ihr zwei seid lustig. Wie alt seid ihr, fünfzehn?“

„Wir sind alt genug, um einen Filmstar auf der Toilette mit Kokain an der Nase zu erwischen“, sagt Wolf und nimmt die Kamera von Albert. Er macht schnell mehrere Fotos von Milevic.

„Was soll das?“, schreit Milevic und versucht, ihm die Kamera wegzunehmen. Aber er wird durch den Blitz der Kamera geblendet und kann nichts sehen.

„Schnell, Albert! Weg hier!“, ruft Wolf und stürmt[1] aus der Herrentoilette. Albert rennt Wolf hinterher. Überall sind Gäste, nur der Weg zum Notausgang ist frei. Sie rennen dorthin und halten im Treppenhaus an.

Wolf gibt Albert die Kamera zurück. „Hier. Schau nach[2], ob die Bilder gut geworden sind.“

Albert tut es. Die Bilder zeigen Milevic deutlich mit dem weißen Pulver an seiner Nase. Wolf schaut sich die Bilder auch

1 **stürmen** - *schnell rennen*
2 **nachschauen** - *nachsehen, kontrollieren*

an. Er packt Albert voller Freude an beiden Armen. „Weißt du, wie viel diese Fotos wert sind?"

Albert schüttelt den Kopf.

„Ich wette, wir können sie für über fünftausend Euro verkaufen!"

„Okay, beruhige dich. Wir müssen jetzt hier raus."

Auf einmal hören sie Knallgeräusche[1]. Albert und Wolf zucken zusammen[2].

„Sind das Schüsse?"

„Ich glaube schon", antwortet Wolf. Dann hören sie, wie die Tür im Erdgeschoss aufgeht und einige Männer die Treppen hinaufstürmen. „Los, los, los! Wir müssen rauf, das Gebäude sichern!", schreit einer der Männer.

Wolf schaut nach unten. Er sieht fünf Männer mit Schusswaffen. „Wir müssen zurück!"

Wolf öffnet die Notausgangstür ein wenig und schaut in den Flur. Am Ende des Flurs stehen zwei weitere bewaffnete Männer und bewachen den Ballsaal. Wolf hört Schreie und wieder Schüsse aus dem Inneren des Ballsaals.

„Wir müssen nach oben!", sagt Wolf zu Albert. In diesem Moment kommt Milevic in das Treppenhaus und rennt die Treppen hinauf. Albert und Wolf folgen ihm.

Die bewaffneten Männer erreichen die Etage des Ballsaals.

Milevic, Wolf und Albert kommen im obersten Stockwerk an. Es gibt eine Tür zum Dach, aber sie ist abgeschlossen. Auf dieser Etage sind nur Büroräume mit großen Glastüren.

„Wo sollen wir uns verstecken?", fragt Milevic und beginnt, panisch herumzulaufen.

„Unter den Bürotischen!", sagt Wolf, denn sie hören, wie die Männer zu ihnen nach oben rennen.

1 **das Knallgeräusch** - *kurzes, sehr lautes Geräusch wie bei einer Explosion*
2 **zusammenzucken** - *vor Angst eine schnelle und unkontrollierte Bewegung machen*

„Sie kommen!", ruft Albert und läuft in eines der Büros und versteckt sich. Albert und Wolf laufen in die anderen Büros. Die bewaffneten Männer erreichen die Etage.

„Sucht alles ab. Wir haben nicht viel Zeit", sagt einer der Männer.

Als Erstes finden sie Wolf, dann Milevic und zuletzt Albert. Die Männer tragen Skimasken[1], um ihre Gesichter zu verdecken, und haben Schusswaffen und Messer.

„Los, wir bringen sie runter", sagt einer der Männer, der eine Waffe auf Wolf richtet. Ein anderer hält Milevic am Arm fest und zeigt mit einer Waffe auf seinen Kopf. Milevic hat begonnen zu weinen. Er sieht ganz anders aus als in seinen Filmen. Er hat Angst, sehr große Angst.

„Ich habe Geld! Ganz viel Geld! Bitte, bitte töten Sie mich nicht!", bittet er immer wieder. Ein Mann schlägt ihm ins Gesicht und er schreit auf vor Schmerz.

„Ruhe jetzt! Das ist ja nicht auszuhalten! Sei still!", sagt der Mann.

Wolf und Albert sind sehr ruhig geblieben. Beide haben auch große Angst, aber sie zeigen es nicht.

„Wohin bringen Sie uns?", fragt Wolf, aber keiner der Männer antwortet.

Die Männer gehen wieder hinunter zum Ballsaal und nehmen Wolf, Albert und Milevic mit.

Die Gäste sitzen oder liegen auf dem Boden. Viele weinen. Sie tragen alle noch ihre Masken. Acht bewaffnete Männer stehen im Raum und bewachen die Gäste.

Dann fängt einer an, die Leute anzusprechen. „Liebe Gäste! Nun sind wir vollzählig[2]! Ich möchte Ihnen etwas zeigen, damit Sie verstehen, worum es mir heute Abend geht. Schauen Sie sich diesen Mann hier an!" Er zieht Milevic zu sich, der sofort wieder anfängt zu weinen. „Er ist einer der größten Filmstars unserer

1 **die Skimaske** – *Mütze, die Kopf und Gesicht bedeckt*
2 **vollzählig** – *komplett*

Zeit. Er verdient Millionen. Und was ist jetzt? Was nutzen ihm seine Millionen jetzt? Nichts. Im Film spielt er Helden[1], die die Welt retten. Aber in Wahrheit ist er schwach. Sehen Sie ihn sich an. Er ist drogenabhängig. Warum denkt niemand von Ihnen daran, Menschen zu helfen, die in Not sind? Es gibt so viele Menschen auf der Welt, die arm sind und an Hunger leiden. Aber Milevic und Sie alle sind nur hier, um sich gegenseitig zu feiern. Sie verstecken sich hinter Ihren teuren Masken, aber tun nichts Gutes. Das hat jetzt ein Ende."

Der Mann lässt Milevic los. „Ich sage Ihnen jetzt, warum wir Ihren Maskenball unterbrochen haben. Wir sind hier, damit Sie endlich etwas wirklich Gutes tun. Jeder von Ihnen bekommt einen Notizblock und einen Kugelschreiber. Ich darf Sie bitten, Ihre Kontodaten aufzuschreiben. Wir werden Geld von Ihrem Konto nehmen und auf das Konto einer Spendenorganisation[2] überweisen. Bitte schreiben Sie auch mit auf, wie viel Geld Ihnen Ihr Leben wert ist. Ich werde entscheiden, ob die Summe gut ist."

Die Männer gehen im Saal herum und geben jedem Gast einen Block und einen Stift. Dann kontrollieren sie, ob die Gäste ihre Kontodaten aufschreiben. Auch bei Wolf und Albert halten sie an.

„Chef, die zwei hier schreiben nicht", sagt einer der Männer. Der Chef kommt dazu und sieht Wolf und Albert an.

„Wer seid ihr zwei denn? Keine Masken, keine Smokings?"

Wolf kann nichts sagen, er zittert am ganzen Körper. Albert übernimmt das Reden. „Wir sind vom Magazin *Stadt & Leute*. Wir berichten hier nur über die Veranstaltung."

Albert sieht direkt in die Augen des Mannes.

„Die zwei haben kein Geld. Lasst sie in Ruhe", sagt der Chef.

Die Notizblöcke werden wieder eingesammelt und einem der Männer gegeben. Dieser sitzt vor einem Laptop und tippt

1 **der Held** – *Person, die gefährliche Aufgaben löst und anderen Menschen hilft*
2 **die Spendenorganisation** – *Organisation, die Geld für Arme sammelt*

die Kontodaten ein. „Chef?", ruft er. „Diese Kontonummer stimmt nicht."

„Wem gehört das Konto?"

Der Mann vor dem Laptop zeigt auf einen der Gäste. „Dem dort drüben mit der roten Maske."

Der Chef geht zu dem Mann hinüber, der eine Ausrede[1] sucht.

„Ich kann Ihnen das Geld nicht geben. Ich habe keins!"

„Sie geben es nicht mir. Sie geben es den hungernden Kindern. Und wir wissen beide, dass Sie mehr als genug Geld haben."

Der Mann mit der roten Maske flucht[2] laut. „Ich werde Ihnen mein Geld nicht geben! Und auch diesen Kindern nicht! Das ist mein Geld! Sie können mich ja umbringen!" Der Chef hat genug gehört und schießt ihm in den Kopf. Der Mann fällt tot auf den Boden. Einige Gäste beginnen, panisch zu schreien.

Der Chef schießt eine Kugel in die Decke, die Gäste werden schnell still.

„Gibt es hier sonst noch jemanden, der nicht zahlen möchte? Wenn Sie mir eine falsche Kontonummer gegeben haben, wird es jetzt Zeit, die Wahrheit zu sagen."

Eine Frau hält ihre Hand nach oben. Einer der Männer geht zu ihr und gibt ihr einen neuen Notizblock.

Nachdem alle Kontodaten gesichert sind, ruft der Chef zu seinen Männern: „Wir müssen los, wir haben keine Zeit mehr. Los! Packt alles ein!" Die Männer nehmen ihre Waffen und rennen nach unten.

Kurze Zeit später stürmt die Polizei das Gebäude, aber die bewaffneten Männer sind nicht mehr da.

Eine halbe Stunde später sind Albert und Wolf wieder draußen auf dem roten Teppich. Viele Polizeiautos und Krankenwagen stehen vor dem Gebäude.

1 **die Ausrede** – *eine Art Grund oder Entschuldigung*
2 **fluchen** – *Schimpfworte* **sagen**

„Was für eine schreckliche Nacht“, sagt Wolf und zündet sich eine Zigarette an.

„Ja“, sagt Albert. „Ich hätte nie gedacht[1], dass es so endet. Wenigstens haben wir noch die Bilder von Milevic. Die sind immer noch etwas wert.“

„Wir haben noch etwas viel Besseres“, sagt Wolf und nimmt sein Aufnahmegerät aus der Anzugtasche. „Es war die ganze Zeit angeschaltet. Diese Aufnahme ist sicher einige tausend Euro wert“, sagt er. Wolf und Albert sehen sich an und lächeln.

1 **Ich hätte nie gedacht, dass... –** *Ich konnte mir vorher nicht vorstellen, dass...*

Opernhaus, Wien

→ Jedes Jahr am letzten Donnerstag im Fasching[1] findet der Wiener Opernball in der **Wiener Staatsoper** statt. Die Veranstaltung wird live im Fernsehen übertragen, denn viele Gäste sind bekannte Politiker, Künstler oder Unternehmer[2] aus dem In- und Ausland. Traditionell eröffnen 180 Paare den Ball mit einem Tanz. Der Ballsaal ist 50 Meter lang und mit 50.000 Blumen geschmückt. Es werden jedes Jahr über 800 Flaschen Sekt und Champagner und 900 Flaschen Wein serviert. Die günstigste Eintrittskarte zum Wiener Opernball kostet 290 Euro. Es gibt auch eine strenge Kleiderordnung: Die Frauen müssen ein festliches langes Abendkleid tragen und die Männer einen schwarzen Frack[3].

1 **der Fasching (süddeutsch und österreichisch) –** *Karneval*
2 **der Unternehmer –** *Person, die ein Geschäft besitzt oder leitet*
3 **der Frack –** *festlicher Anzug, bei dem die Jacke vorne kurz und hinten knielang ist*

6. DER TAXIFAHRER

Schneider liebte seine Arbeit als Taxifahrer. Jeden Tag traf er auf verschiedene Menschen und er liebte es, sich mit seinen Fahrgästen zu unterhalten. Sie unterhielten sich über das Wetter, über Kunst, Kultur, Sport oder die Nachrichten. Oft erzählten sie auch etwas aus ihrem Leben. Der Beruf als Taxifahrer konnte natürlich manchmal auch sehr einsam sein, wenn er lange auf Kunden warten musste. Aber während er seine Gäste durch Frankfurt am Main fuhr, fühlte er sich nicht allein. Er genoss die Gespräche.

Einige Fahrgäste wollten lieber ruhig sein oder sie telefonierten während der Fahrt. Wenn das geschah, dann stellte er meistens das Radio an und hörte der Musik zu.

Wenn er jemanden ins Krankenhaus fahren musste, dann fragte er immer besorgt nach, was er oder sie hatte. Er konnte in den Gesichtern der Fahrgäste sehr gut lesen und verstand, wenn jemand traurig war und nicht reden wollte. Dann schaltete er das Radio auch nicht an.

Viele Menschen begannen, sich automatisch mit Schneider zu unterhalten. Er musste nicht viele Fragen stellen, um ein Gespräch zu beginnen. Er hatte eine sehr freundliche und positive Ausstrahlung[1]. Viele Fahrgäste sagten ihm, dass sie die Fahrt sehr genossen hatten.

Schneider war überrascht, als er über den Taxifunk seinen nächsten Fahrauftrag erhielt. Er sollte zum Gefängnis fahren und einen entlassenen[2] Häftling[3] abholen. Er hatte in

1 **die Ausstrahlung** – *Wirkung auf andere Menschen*
2 **jdn. entlassen** – *hier: jdm. erlauben, das Gefängnis zu verlassen*
3 **der Häftling** – *Person, die im Gefängnis sitzt*

seinen zwanzig Jahren als Taxifahrer noch nie jemanden vom Gefängnis abgeholt. Schneider gab über Funk weiter, dass er sich auf den Weg machte[1].

Die Fahrt bis zum Gefängnis dauerte über eine Stunde, denn er musste erst noch durch die ganze Innenstadt fahren. Er kam dem Gefängnis näher und wurde unruhiger. Was hatte der Mann getan, um ins Gefängnis zu kommen? Raub[2]? Mord? Schneider stellte das Radio an, um sich von seinen Fragen abzulenken[3].

Als er beim Gefängnis ankam, stand niemand davor. Schneider stieg aus seinem Taxi aus und ging zur Außenpforte[4], in der ein Mann in Uniform saß. „Ich wurde hierher bestellt, um jemanden abzuholen."

Der Pförtner schaute ihn nur genervt an. „Name?"

„Ich weiß nicht, wie die Person heißt. Das wurde mir nicht gesagt."

Der Pförtner atmete schwer durch. „Nicht der Name des Häftlings. *Ihr* Name."

„Schneider. Ich bin Taxifahrer."

„Das kann ich sehen", sagte der Pförtner und nickte in Richtung des Taxis.

„Bitte entschuldigen Sie. Ich war noch nie so nahe an einem Gefängnis", sagte Schneider nervös.

„Sie sollen ja auch nicht da rein. Warten Sie hier. Ich schicke Ihnen den Häftling – oder besser gesagt – Ihren Fahrgast hinaus." Die Wache schmunzelte[5], als Schneider ganz blass im Gesicht wurde. Er ging zu seinem Taxi zurück, stieg ein und wartete. Anders als sonst hoffte er, dass dieser Fahrgast ein ruhiger Mensch war, der nicht viel reden wollte. Schneider wollte nicht wissen, was der Mann getan hatte, um

1 **sich auf den Weg machen –** *losfahren*
2 **der Raub –** *Tat, bei der man etwas mit Gewalt stiehlt*
3 **sich (von etw.) ablenken –** *auf andere Gedanken kommen*
4 **die Außenpforte –** *Häuschen vor dem Gefängnis, wo sich Besucher anmelden müssen*
5 **schmunzeln –** *lächeln, weil man etw. lustig findet*

ins Gefängnis zu kommen. Er wollte ihn einfach so schnell wie möglich an seinen Zielort bringen.

Es dauerte ungefähr noch eine halbe Stunde, bis der Exhäftling aus dem Gefängnis kam. Schneider vertrieb sich die Zeit[1] mit Musikhören und Zeitunglesen. Er war nicht mehr ganz so nervös, sondern eher ungeduldig.

Im Rückspiegel sah er den Exhäftling. Erst wurde der Mann durch das große Tor gelassen und dann verabschiedete er sich noch von dem Pförtner am Eingang. Sie lachten und schienen sich gut zu verstehen.

Dann kam der Mann auf das Taxi zu. Er war mittelgroß, etwa Mitte dreißig, dunkelhaarig und trug einen Dreitagebart[2], eine Jeanshose und ein weißes T-Shirt. Er sah nicht sehr gefährlich aus.

In seiner Hand hielt er einen Plastikbeutel. Darin waren verschiedene Dinge. Vermutlich waren es seine Habseligkeiten[3]. Der Mann stieg hinten ein.

„Guten Tag. Wie geht's?", fragte der Mann freundlich.

Schneider war nervös und suchte nach den richtigen Worten. Der Mann kam ihm zuvor[4].

„Ihr erster entlassener Häftling?", fragte er. Schneider nickte. Der Mann redete weiter.

„Keine Sorge, Herr Schneider. Sie müssen keine Angst vor mir haben."

„Woher kennen Sie meinen Namen?", fragte Schneider erschrocken.

Der Mann zeigte auf das Namensschild über dem Taxameter[5]. Schneider atmete erleichtert aus.

1 **sich die Zeit vertreiben -** *etw. tun, damit die Zeit schneller vergeht*
2 **der Dreitagebart -** *sehr kurzer Bart*
3 **die Habseligkeiten (Plural) -** *persönlicher Besitz, der nur aus wenigen Dingen besteht*
4 **jdm. zuvorkommen -** *schneller sein als eine andere Person*
5 **der/das Taxameter -** *Gerät, das die Kilometer zählt und die Kosten der Taxifahrt anzeigt*

„Mein Name ist Joachim Müller. Ich habe fast zwei Jahre im Gefängnis verbracht. Nicht wegen Mord, keine Sorge."

Schneider wollte fragen, warum er ins Gefängnis gekommen war, aber er tat es dann doch nicht. Stattdessen startete er den Motor des Taxis.

„Wollen Sie gar nicht wissen, wohin Sie mich fahren sollen?", fragte Müller.

„Doch, natürlich. Bitte entschuldigen Sie. Wohin darf's gehen?", fragte Schneider wie immer.

Müller lächelte. „Durch die Innenstadt, über den Main und dann weiter südöstlich."

„Sie können mir gerne die genaue Adresse sagen. Ich habe ein Navigationsgerät[1]." Schneider war bereit, einen Straßennamen einzugeben, aber Müller schüttelte den Kopf.

„Leider habe ich keine genaue Adresse. Aber ich kenne den Weg. Ich leite Sie in die richtige Richtung."

„Wenn Sie mir die nächstgelegene Straße nennen, kann ich sie eintippen. Dann wird es einfacher."

Müller lehnte sich nach vorne. „Nein, Sie verstehen nicht. Ich möchte nicht, dass Sie etwas eintippen."

Schneider war etwas verwirrt. Als er das Teppichmesser[2] in Müllers Hand sah, verstand er.

Das Teppichmesser kam aus Schneiders Werkzeugtasche. Schneider hatte einem Freund beim Umbau seiner Wohnung geholfen und die Werkzeugtasche hinten liegen lassen. Schneider ärgerte sich, dass er sie nicht in den Kofferraum gelegt hatte.

Müller hielt das Teppichmesser nahe an Schneiders Brust. „Es tut mir wirklich leid. Sie müssen mir einfach vertrauen[3]. Auch wenn Sie es vielleicht nicht glauben, ich werde Ihnen nichts tun. Aber nur, wenn Sie nicht schreien und jetzt losfahren."

1 **das Navigationsgerät** – *Gerät, das zeigt, wie man zu einer Adresse kommt*
2 **das Teppichmesser** – *scharfes Messer; Cutter*
3 **jdm. vertrauen** – *hier: fest glauben, dass jemand die Wahrheit sagt*

Schneider stand der Schweiß auf der Stirn. Er nickte und fuhr los. Im Rückspiegel sah er, wie das Gefängnis immer kleiner wurde, bis es ganz aus seinem Blickfeld[1] verschwand.

Die zwei Männer sagten längere Zeit nichts. Die Stimmung war angespannt.

Müller leerte den Inhalt des Plastikbeutels aus. In dem Plastikbeutel waren eine Zigarettenschachtel, ein Feuerzeug, ein Geldbörse, ein altes Päckchen Kaugummi und einige Papierzettel.

„Stört es Sie, wenn ich rauche?“, fragte Müller mit einer Zigarette im Mundwinkel[2]. Schneider mochte es gar nicht, wenn man in seinem Taxi rauchte, und verbot es sonst immer strikt[3]. In diesem besonderen Fall wollte er allerdings eine Ausnahme machen. Er schüttelte den Kopf. Müller zündete sich die Zigarette an und öffnete das Autofenster. Die Papierzettel warf er aus dem Fenster, das Portemonnaie und die Kaugummipackung steckte er in die Hosentasche. Er schaute aus dem Fenster und zog an seiner Zigarette.

„Wie lange arbeiten Sie schon als Taxifahrer?“, fragte Müller, ohne seinen Blick vom Fenster zu nehmen.

„Zwanzig Jahre“, antwortete Schneider.

„Zwanzig Jahre! Meine Güte, das ist eine lange Zeit. Tagein, tagaus[4] die gleiche Arbeit …“, lachte Müller und schaute zu Schneider nach vorn.

Schneider mochte es nicht, dass er sich über ihn oder seinen Beruf lustig machte. Aber auf der anderen Seite war er froh, dass Müller lachte.

„Auto zu fahren, ist alles, was ich kann, und das Einzige, was ich mag. Ich liebe meinen Beruf“, sagte Schneider.

1 **das Blickfeld** – *Bereich, den man mit beiden Augen sieht*
2 **der Mundwinkel** – *Seite, wo die obere und untere Lippe zusammenkommen*
3 **strikt** – *streng*
4 **tagein, tagaus** – *jeden Tag*

„Das ist doch toll! Ich wollte mich nicht über Sie lustig machen. Sehen Sie, ich bin ganz anders." Müller machte eine Pause und sah wieder aus dem Fenster. Dann redete er weiter. „Als Kind wollte ich Feuerwehrmann werden und als Jugendlicher Pilot, aber ich habe stattdessen in einer Autowerkstatt als Mechaniker gearbeitet. Drei Jahre. Dann habe ich die Spielcasinos entdeckt. Von da an ist es mit mir bergab gegangen[1]." Müller lächelte, warf den Zigarettenstummel aus dem Fenster und zündete sich noch eine Zigarette an.

Schneider hörte ihm aufmerksam zu, genauso, wie er es sonst auch tat. Er fand ihn nicht mehr gefährlich und vergaß beinahe, dass Müller ihn vorhin noch mit einem Messer bedroht[2] hatte.

„Was meinen Sie mit ‚bergab'?", fragte Schneider vorsichtig.

Müller erzählte ruhig weiter. „Ich bin spielsüchtig[3] geworden und habe meine Arbeit verloren. Ich habe viel Geld verloren und begonnen, mir Geld zu leihen. Ich konnte es natürlich nicht zurückzahlen. So hat alles angefangen."

Müller schaute wieder aus dem Fenster und sagte einige Minuten nichts. Schneider fand die Stille wieder sehr unangenehm. Er hatte sich sicherer gefühlt, als Müller noch geredet hatte.

„Darf ich Sie fragen, warum Sie im Gefängnis waren? Sie müssen natürlich nicht darüber reden, wenn Sie nicht wollen."

„Nein, das ist schon in Ordnung. Das ist eine völlig normale Frage, wenn man einem entlassenen Häftling begegnet. Wegen bewaffneten Raubüberfalls[4]. Ich habe ein Juweliergeschäft in der Innenstadt überfallen."

1 **es geht bergab mit jdm.** – *jdm. geht es z. B. beruflich oder finanziell immer schlechter*
2 **jdn. bedrohen** – *jdm. mit Worten oder einer Waffe gefährlich werden*
3 **spielsüchtig** – *von Glücksspielen abhängig*
4 **der bewaffnete Raubüberfall** – *eine Straftat, bei der ein Geschäft mit einer Waffe ausgeraubt wird*

Schneider nickte und stellte sich Müller mit Waffe und Maske in einem Schmuckgeschäft vor. Er fand diese Vorstellung sehr merkwürdig[1].

„Um meine Schulden[2] zu bezahlen, habe ich Vieles getan, was normale Menschen niemals tun würden. Die Männer, denen ich Geld geschuldet habe, waren kriminell und gefährlich." Schneider sah, dass Müller sehr angespannt war. Müller dachte über etwas Bestimmtes nach. Dann ließ er den Gedanken los und entspannte sich.

„Sind Sie verheiratet?", fragte Müller.

„Nein, leider nicht", antwortete Schneider. Er war seit einigen Jahren alleinstehend[3].

„Sehen Sie, ich war verlobt. Sie hieß Maria."

„Da wird sie sich aber freuen, dass Sie heute entlassen werden", sagte Schneider fröhlich. Aber Müller wurde mit einem Mal[4] sehr traurig.

„Sie *war* meine Verlobte. Sie ist es nicht mehr. Ich habe sie verloren."

Er machte wieder eine kurze Pause und schaute aus dem Fenster. Dann redete er weiter. „Meine Schulden waren immer noch sehr hoch. Ich war verliebt und wollte sie heiraten. Ich habe ihr einen Verlobungsring gekauft. Sie hat sich sehr darüber gefreut, aber kurz darauf hat sie den Ring in ein Pfandhaus[5] gebracht, damit ich meine Schulden abbezahlen konnte. Es war natürlich nicht genug Geld. Eines Tages habe ich beschlossen, das Juweliergeschäft in der Innenstadt zu überfallen. Ich dachte, ich könnte danach meine ganzen Schulden bezahlen … Das Juweliergeschäft hatte auch sehr schöne Ringe im Schaufenster." Müller lächelte.

1 **merkwürdig** – *seltsam, eigenartig*
2 **die Schulden (Plural)** – *Geld, das man jdm. noch bezahlen muss*
3 **alleinstehend** – *ohne Ehepartner*
4 **mit einem Mal** – *plötzlich*
5 **das Pfandhaus** – *Geschäft, in dem man sich Geld leihen kann, wenn man einen wertvollen Gegenstand dort lässt*

„Und was ist dann geschehen?“

„Ich wollte das Juweliergeschäft verlassen, aber die Polizei hat mich erwischt und verhaftet. Ich war fast zwei Jahre im Gefängnis. In dieser Zeit hat Maria mich verlassen. Ich verstehe sie aber gut. Einen Häftling als Verlobten zu haben, ist nicht besonders angenehm.“

„Sind zwei Jahre nicht etwas kurz für einen bewaffneten Raubüberfall?“, fragte Schneider plötzlich.

Müller rechnete nicht mit[1] dieser Frage und antwortete nicht sofort. „Ja. Zwei Jahre für einen bewaffneten Raubüberfall sind zu kurz. Sagen wir einfach, ich habe der Polizei wichtige Informationen über bestimmte Personen weitergegeben. Man hat mich dafür etwas früher aus dem Gefängnis gelassen.“

„Sie haben Informationen über die Kriminellen weitergegeben, denen Sie Geld geschuldet haben?“, fragte Schneider neugierig weiter.

Müller antwortete wieder nicht sofort, sondern zündete sich noch eine Zigarette an und sah wieder aus dem Fenster.

Schneider verstand, dass er zu viel gefragt hatte. Es war ihm sehr unangenehm. „Bitte entschuldigen Sie. Ich wollte nicht neugierig sein. Es ist nur, Ihr Leben ist ganz anders als das meiner anderen Fahrgäste.“

„Das ist schon in Ordnung. Machen Sie sich keine Sorgen. Sie verstehen aber, dass ich darüber nicht reden kann. Es dient auch zu Ihrer Sicherheit“, sagte Müller. Schneider dachte nach und sagte dann: „Das stimmt. Das ist bestimmt besser so.“

Die Innenstadt kam immer näher. Man konnte die Hochhäuser der Banken bereits gut erkennen.

„Sie müssen in südöstlicher Richtung fahren. Wir müssen zu einem Fabrikgelände[2].“

1 **nicht mit etw. rechnen** – *etw. nicht erwarten*
2 **das Fabrikgelände** – *Grundstück, auf dem eine oder mehrere Fabriken stehen*

Schneider überlegte, was Müller auf einem Fabrikgelände machen wollte, aber er fragte nicht nach, sondern befolgte seine Anweisung.

Ein altes Fabrikhaus stand auf dem Gelände und man konnte sehen, dass hier jahrelang niemand mehr gewesen war. Schneider hielt das Taxi an und Müller stieg aus. Der Taxameter zeigte über sechzig Euro an. Schneider hoffte, dass Müller ihn auch bezahlen konnte.

Müller begann sich zu strecken. Er schaute auf das alte Fabrikgebäude.

Auch Schneider stieg aus dem Taxi aus. „Hier wollten Sie hin? Hier ist doch nichts."

Müller antwortete nicht.

„Hören Sie, ich muss wieder in die Stadt zurück. Wenn Sie diese Fahrt nicht bezahlen können, dann lassen Sie es einfach. Ich möchte keinen Ärger bekommen."

Müller drehte sich zu ihm um. „Ich werde Sie bezahlen, keine Sorge. Aber das Geld dafür ist da drin." Er zeigte auf die alte Fabrik.

Schneider war verwirrt. Müller ging auf die Fabrik zu und Schneider folgte ihm.

„Hören Sie. Ich kann Sie gerne in die Stadt mitnehmen. Das ist kein Problem. Normalerweise mache ich keine kostenlosen Fahrten, aber Sie sind ein spezieller Fall. Hören Sie, was ich sage?"

Schneider wurde wütend, weil Müller überhaupt nicht zuhörte.

Müller begann, schneller zu gehen. Schneider überlegte, ob er nicht einfach ins Taxi einsteigen und Müller zurücklassen sollte. Aber dann rief Müller nach ihm.

„Kommen Sie! Kommen Sie rein!", rief er ihm aus der Fabrik heraus zu.

Schneider war sich nicht sicher, was er tun sollte.

„Da ist doch nichts drin", rief er, aber Müller antwortete nicht. Schneider wartete noch einen Moment, aber dann wurde er neugierig und ging in das Fabrikgebäude.

„Wo sind Sie?", rief Schneider. Er konnte nicht viel erkennen. Dann entdeckte er Müller. Er kniete hinter einem leeren Regal.

„Hier bin ich! Kommen Sie her!"

Schneider ging vorsichtig auf ihn zu. Als er nahe genug war, erkannte er, dass Müller etwas in den Händen hielt.

„Sehen Sie. Darauf habe ich fast zwei Jahre gewartet!" Schneider schaute genauer hin: Es war eine Blechdose[1]. Müller öffnete sie. Darin waren Geldscheine, eine Schusswaffe und ein Diamantring. Müller steckte die Waffe und das Geld ein und betrachtete den Ring von allen Seiten.

„Wunderschön, nicht wahr?"

„Gehört der Ring Ihnen?", fragte Schneider. Er fühlte, dass etwas nicht stimmte.

„Nein, der gehört Maria. Ich habe vorhin nicht die ganze Geschichte erzählt. Ich habe den Ring wieder vom Pfandhaus zurückgekauft und erst danach das Juweliergeschäft in der Stadt ausgeraubt. Dann habe ich den Ring hier versteckt, falls man mich verhaften sollte. Ist er nicht wunderschön? Ich glaube, mit dem Ring bekomme ich Maria wieder zurück."

Schneider fühlte sich unwohl. „Ich muss jetzt gehen. Entweder Sie kommen mit mir oder Sie bleiben hier."

Müller schaute ihn an und stand auf. Er legte eine Hand auf seine Schulter und versuchte, ihn zu beruhigen. Aber Schneider dachte nur an die Waffe.

„Ganz ruhig, Schneider. Wir sind noch nicht fertig. Sie werden mich jetzt zu meiner Verlobten fahren und dann kriegen Sie Ihr Geld. Mit viel Trinkgeld natürlich."

Er klopfte Schneider auf die Schulter und ging an ihm vorbei nach draußen. Schneider blieb noch einen Moment lang stehen und schaute auf die leere Blechdose. Am liebsten würde er ohne Müller wegfahren.

1 **die Blechdose –** *Dose aus dünnem Metall*

Mit einem Mal hörte Schneider Schüsse. Er erschrak und duckte sich[1]. Er hörte, wie sich Müller mit einem Mann laut unterhielt.

„Bitte erschieß mich nicht", hörte er Müller sagen.

„Wo ist der Taxifahrer?", fragte der Mann. Schneider überlegte, ob er flüchten[2] konnte, aber es gab keinen anderen Ausgang.

„Kommen Sie raus! Ihnen wird nichts passieren", rief der Mann zu Schneider hinein. Schneiders Herz klopfte wie wild und er schwitzte stark. Trotz seiner Angst ging er mit erhobenen Händen nach draußen. Er sah Müller, der vor dem bewaffneten Mann kniete. Zwei weitere Männer standen neben dem Mann mit der Waffe.

„Wir sind Ihnen gefolgt." Der Mann nahm Müller die Waffe ab.

„Und jetzt gehen Sie zur Seite," sagte er zu Schneider. „Wenn Sie kein Blut sehen können, dann sehen Sie jetzt auch besser weg."

Schneider sah zu Müller. „Bitte, bitte erschieß mich nicht!", flehte[3] dieser wieder.

Der Mann mit der Waffe sah Schneider an. „Gehen Sie endlich einen Schritt zur Seite!" Schneider stand verständnislos[4] da. Er konnte nicht klar denken. Er wollte noch etwas sagen, aber dann schoss der Mann dreimal. Zwei Kugeln gingen durch Müllers Brust und die dritte Kugel traf ihn in den Kopf. Müller war sofort tot. Schneider war zur Seite weggesprungen und auf die Knie gefallen, als der Mann zu schießen begonnen hatte.

Neben Müllers Leiche lag der Verlobungsring. Er war voller Staub und Blut. Der Mann hob ihn auf.

1 **sich ducken** - *sich schnell nach unten beugen*
2 **flüchten** - *schnell von einem Ort weggehen, z. B. aus Angst*
3 **flehen** - *intensiv um etw. bitten*
4 **verständnislos** - *ohne zu verstehen*

Dann kam er auf Schneider zu. Schneider legte beide Arme schützend über seinen Kopf. Er war sich sicher, dass der Mann auch ihn erschießt. Aber der Mann blieb einfach stehen. Schneider sah vorsichtig zu ihm auf. Der Mann sah ihm direkt in die Augen. „Sie gehen nicht zur Polizei, ist das klar?"

Schneider nickte mit dem Kopf. „Ich möchte keine Schwierigkeiten. Ich möchte nur in mein Taxi steigen und von hier weg."

Der Mann reichte ihm die Hand, um ihm beim Aufstehen zu helfen. Schneider nahm die Hand und stand auf. Die zwei anderen Männer waren gerade dabei, Müller in den Kofferraum eines schwarzen Wagens zu heben.

Der Mann klopfte Schneider auf die Schulter. „Sie werden uns nie wieder sehen, aber nur, wenn Sie einfach so weitermachen wie bisher. Keine Polizei."

Schneider nickte. „Ja, ich habe verstanden." Er ging schnell an dem Mann vorbei und stieg in sein Taxi ein. Seine Hände zitterten stark. Der Autoschlüssel steckte noch. Er startete den Motor und fuhr so schnell es ging von dem Fabrikgelände. Im Rückspiegel konnte er sehen, wie die Männer den Kofferraum zumachten und sich das Blut von den Händen wischten.

Einige Minuten später hielt er an einer Imbissbude[1]. Er trank einen Kaffee. Der ganze Tag kam ihm vor wie ein verrückter Traum. Er hatte Schwierigkeiten, die Ereignisse der letzten Stunden zu verarbeiten[2]. Erst als er den schwarzen Wagen mit den drei Männern vorbeifahren sah, wusste er, dass es kein Traum gewesen war. Der Mann am Steuer schaute ihn an und nickte ihm zu. Er hielt den Ring hoch, damit Schneider ihn sehen konnte. Und in diesem Moment verstand er, dass nichts mehr in seinem Leben so war wie vorher.

1 **die Imbissbude** - *Stand, an dem man kleine Mahlzeiten und Getränke bekommt*
2 **etw. verarbeiten** - *hier: etw. psychisch und emotional verstehen*

Frankfurt am Main ist bekannt für seine Hochhäuser, die zusammen die Frankfurter Skyline[1] bilden. Die meisten Hochhäuser stehen in der Innenstadt, im Bankenviertel. Während des Zweiten Weltkrieges wurde die Innenstadt zerstört. Ab 1949 entstanden die ersten Hochhäuser und bis heute werden immer neue geplant und gebaut.

Das höchste Hochhaus ist der Commerzbank Tower: Er misst 259 Meter, mit Antenne 300 Meter. Der Messeturm kommt mit seinen 257 Metern an zweiter Stelle und sieht aus wie ein Bleistift. Weitere sehr hohe Gebäude sind das Westend 1 (208 Meter) und der Main Tower (200 Meter). Das einzige Bauwerk, das noch höher ist als der Commerzbank Tower, ist mit 337,5 Metern der Fernsehturm, auch Europaturm genannt.

1 **die Skyline** – *Umriss von Hochhäusern einer Großstadt, den man aus der Ferne sieht*

7. DIE HELLSEHERIN

Seit Greta Erwig ein junges Mädchen war, konnte sie Ereignisse vorhersehen[1]. Oft sagte sie ihren Mitschülern Ereignisse voraus, die sie unmöglich wissen konnte. Sie sah oft den Tod von Haustieren oder Verwandten vorher und erzählte es ihnen dann. Eines Tages wurde sie dann von der Schule verwiesen[2], weil die Kinder und deren Eltern Angst vor ihr bekamen. Greta selber wusste erst nicht, dass sie eine Gabe[3] hatte.

Greta wohnte mit ihren Eltern am Stadtrand von Zürich in einem Wohnwagen. Sie hatten nur wenig Geld und ihre Mutter arbeitete als Verkäuferin in einem Supermarkt und als Kartenlegerin[4]. Ihr Vater arbeitete früher als Lkw-Fahrer. Aber nach seiner Entlassung[5] trank er sehr viel Alkohol. Es gab Tage, an denen er gar nicht aus dem Bett aufstand.

Das Leben wurde nach Gretas Schulverweis nicht besser. Sie kam auf eine neue Schule, aber dort schwänzte[6] sie den oft den Unterricht. Immer wieder sah sie die Zukunft ihrer Mitschüler voraus. Die Bilder, die sie sah, wurden mit den Jahren immer mehr, bis auch sie Angst vor den Bildern bekam, die sie sah.

Ihre Freizeit verbrachte sie am liebsten im Wald. Es war so ruhig dort und es gab nur die Bäume und die Tiere. Oft setzte sie sich unter einen großen Baum. Wenn es dunkel wurde, machte sie sich wieder auf den Weg nach Hause.

1 **etw. vorhersehen** - *etw. sehen, das in der Zukunft passiert*
2 **jdn. von der Schule verweisen** - *jdm. verbieten, weiter eine Schule zu besuchen*
3 **die Gabe** - *besondere Fähigkeit oder Begabung*
4 **die Kartenlegerin** - *Frau, die die Zukunft in Tarotkarten sieht*
5 **die Entlassung** - *Kündigung der Arbeitsstelle*
6 **schwänzen** - *nicht in die Schule gehen, weil man keine Lust hat*

Mit den Jahren lernte Greta, weniger Angst vor ihrer Gabe zu haben. Die Schule fiel ihr dann leichter und sie schaffte es, sie erfolgreich zu beenden. Dann starb ihr Vater und ihre Mutter und sie mussten allein zurechtkommen[1]. Auf der einen Seite war es einfacher, weil er nicht mehr ihr ganzes Geld für Alkohol ausgab, aber auf der anderen Seite war es sehr schwer für sie beide, weil sie ihn sehr geliebt hatten.

Nach seinem Tod zeigte ihr ihre Mutter das Kartenlegen, damit sie ihr eigenes Geld verdienen konnte. Greta lernte schnell. Sie setzte eine Anzeige in die Zeitung und schon bald kamen viele neue Kunden in ihren Wohnwagen, um sich die Karten legen zu lassen. Nach einer Weile hatten Greta und ihre Mutter genug Geld, um in eine kleine Wohnung zu ziehen. Tagsüber, wenn ihre Mutter im Supermarkt arbeitete, kamen die Kunden zu ihnen nach Hause. Abends, wenn die Mutter nach Hause kam, räumte Greta im Supermarkt die Regale ein. Es war ein sehr einfaches Leben, aber Greta fand die Routine[2] sehr angenehm. Und so lebte sie, bis ihre Mutter mit fünfundsechzig Jahren starb. Greta hatte ihren Tod nicht vorhergesehen.

Nach einer langen Trauerzeit lernte sie Gregor kennen. Er war sieben Jahre älter als Greta. Sie begegneten sich auf einem Stadtfest und verliebten sich sofort. Sie zogen bald zusammen und heirateten. Sie wollten beide eine Familie gründen, doch Greta konnte keine Kinder bekommen. Es gab viel Streit und nach etwa acht Jahren ließen sie sich scheiden[3]. Nach dieser Erfahrung entschied Greta, sich nie wieder zu verlieben. Ihr weiteres Leben verbrachte sie allein. Sie hatte nicht viele Freunde und war oft tagelang zu Hause, wo sie arbeitete. So vergingen dreißig einsame Jahre.

Es war ein sonniger Sonntagmorgen, als Max Bruch sich auf den Weg zu Greta Erwig machte. Max war Anwalt in einer

1 **zurechtkommen** – *hier: emotionale und finanzielle Probleme lösen*
2 **die Routine** – *hier: Arbeiten, die sich täglich wiederholen*
3 **sich scheiden lassen** – *die Ehe offiziell beenden lassen*

großen Anwaltskanzlei[1]. Er war ein sehr ernster Mann, von dem niemand dachte, dass er an Übersinnliches[2] und Magie glaubte.

Max hatte ein sehr persönliches Problem mit seiner Verlobten Lisa Mainhoff. Er war sehr verliebt in sie, hatte aber Angst, mit der Heirat einen Fehler zu machen. Lisa kam aus einem guten Haus[3] und war die Tochter von Rudolf Mainhoff, dem Chef der Anwaltskanzlei. Max wollte in der Kanzlei Karriere machen. Er war Mitte dreißig und bereits mit vierzig Jahren wollte er Juniorchef sein. Er hatte bisher viel Erfolg im Beruf, aber privat hatte er viele Ängste, die er nie jemandem erzählte. Als er die Anzeige von Greta Erwig in der Tageszeitung las, wusste er, dass er zu ihr gehen musste. Er vereinbarte mit ihr einen Termin und war ganz aufgeregt, endlich Antworten auf alle seine Fragen zu bekommen.

An dem Sonntagmorgen stand er sehr früh auf. Er sagte Lisa, dass er eine Runde im Park joggen gehen wollte und sich später noch mit Freunden verabredet hatte. Max machte sich also auf den Weg und fuhr zu Greta Erwig. Er parkte seinen Wagen und suchte nach der Hausnummer 33. Er fand das Wohnhaus und war ganz überrascht, wie normal und modern es aussah. In seiner Vorstellung lebte Greta Erwig in einem ganz alten Haus. Er las die Namensschilder, dann klingelte er ganz oben bei Erwig. Die Tür wurde aufgedrückt und Max ging die Treppen hinauf bis in die oberste Etage. Bereits im Treppenaufgang roch es nach Räucherstäbchen[4] und anderen Düften.

Als er oben ankam, stand die Wohnungstür offen. Er klopfte an der Tür.

„Hallo? Frau Erwig? Ich bin es, Herr Bruch. Wir hatten telefoniert“, rief er. Er bekam keine Antwort. „Darf ich reinkommen?“, fragte er nach.

1 **die Anwaltskanzlei -** *Büro, in dem Anwälte arbeiten*
2 **Übersinnliches -** *das, was man mit den normalen Sinnen (Augen, Ohren, ...) nicht verstehen kann*
3 **aus einem guten Haus kommen -** *reiche und gebildete Eltern haben*
4 **das Räucherstäbchen -** *aromatische Stoffe in Form eines Stäbchens*

Als wieder keine Antwort kam, trat er vorsichtig hinein und schloss die Tür hinter sich. Die Vorhänge waren zugezogen und überall brannten Kerzen.

Max ging weiter hinein, bis er ins Wohnzimmer kam. Die Wohnung war nicht sehr groß.

Greta Erwig saß an einem runden Tisch im Wohnzimmer. Sie war über ihre Karten gebeugt.

„Kommen Sie. Setzen Sie sich", sagte sie leise. Sie war älter, als Max gedacht hatte. Er setzte sich ihr gegenüber und streckte ihr die Hand entgegen. „Guten Tag. Max Bruch", sagte er freundlich.

„Ich weiß, wer Sie sind. Sie wissen, wer ich bin. Ich habe Ihre Karten bereits hier auf dem Tisch liegen."

„Muss ich dafür denn nicht zuerst eine bestimmte Frage stellen?"

„Ich habe mit dem Legen begonnen, als Sie die Treppen hochgekommen sind." Greta schaute hoch. „Ich habe bereits am Telefon gewusst, was Sie fragen möchten."

Max sah ihr in die Augen und ihm fiel auf[1], dass sie anders war als alle Menschen, die er zuvor kennengelernt hatte.

„Was sehen Sie?", fragte er neugierig.

„Es ist wohl eher die Frage, was ich nicht sehe. Ich sehe keine Frau und keine Kinder. Ich sehe kein Glück und keine Freude."

Max wurde nervös. „Was? Nein, Sie müssen sich irren. Ich bin verlobt. Wir wollen bald heiraten. Meinen Sie denn, ich soll besser nicht heiraten?"

„Das kann ich Ihnen nicht sagen …"

„Aber darum bin ich ja hier, damit Sie mir sagen können, was ich tun soll."

„Ich sehe viel Geld. Ich sehe viel Erfolg. Aber keine Kinder und keine Ehefrau."

1 **jdm. fällt etw. auf** – *auf etw. Besonderes aufmerksam werden*

Greta legte noch weitere Karten auf den Tisch. Bei einer bestimmten Karte hielt sie an und starrte lange darauf.

„Was ist? Was bedeutet das?“, fragte Max ungeduldig.

„Dunkelheit. Nacht. Tod.“

Max wusste nicht, was er sagen sollte. „Wie bitte?“, fragte er mit schwacher Stimme.

„Ich habe gesagt, ich sehe Dunkelheit, Nacht und den Tod, der über allem liegt.“

„Ich werde sterben?“ Max bekam feuchte Augen, dann wurde er sehr wütend. „Ich glaube Ihnen nicht. Sie lügen[1]! Ich bin bei guter Gesundheit. Ich war noch vor ein paar Tagen beim Arzt. Mir geht es bestens.“

„Ich habe nicht gesagt, dass Sie sterben oder dass Sie nicht sterben. Ich habe gesagt, dass der Tod über allem liegt.“

„Und was soll das bitte schön bedeuten? Sie müssen schon etwas genauer werden.“

„Ich muss gar nichts. Sie sind hier, um Antworten zu bekommen. In den Karten werden wir nicht die ganze Wahrheit finden. Sie zeigen nur in die richtige Richtung. Mehr nicht.“

Max stand auf. „Wollen Sie mich für dumm verkaufen[2]?“, sagte er laut.

Greta nahm eine Kristallkugel[3] hervor und legte sie in die Mitte des Tisches.

„Ich biete es Ihnen nur an. Die Karten zeigen den Weg, aber die Kugel sieht mehr als Sie und ich.“

Max wurde unsicher, ob er gehen oder bleiben sollte. „Wie viel berechnen Sie dafür?“, fragte er.

„Nichts. Ich habe Ihnen meinen Preis schon genannt. Wenn Sie aber nicht genauer wissen wollen, was mit Ihnen geschieht, müssen wir auch nicht weitermachen“, sagte Greta.

1 **lügen** – *nicht die Wahrheit sagen*
2 **jdn. für dumm verkaufen** – *versuchen, jdn. zu betrügen*
3 **die Kristallkugel** – *Kugel aus Glas, in der Hellseher die Zukunft sehen können*

„Nein, nein! Bitte. Ich möchte es wissen. Es tut mir leid, was ich gerade gesagt habe. Ich war nur sehr schockiert über das Wort Tod", sagte Max.

„Man kann nicht immer alles wortwörtlich nehmen[1]. Manchmal steht der Tod in den Karten auch für einen Abschluss – ein Ende. Verstehen Sie?"

Max nickte und setzte sich. Es war ihm unangenehm, dass er so wütend geworden war. „Bitte sagen Sie mir meine Zukunft voraus."

Greta legte die Hände auf die Kugel, schloss die Augen und begann, etwas ganz leise zu singen. Er versuchte zu verstehen, was sie sagte, aber sie sang in einer fremden Sprache. Plötzlich hob Greta den Kopf und Max sah erschrocken auf ihre Pupillen[2], die ganz weiß waren. Sie schaute direkt in seine Richtung. Ihre Stimme war anders als sonst. Sie sprach lauter und genauer.

„Der Morgen kommt, die Stimme wird laut und Blut wird fließen. Ein Messer wird fallen und die Tränen werden nicht mehr enden. Mord! Ein schrecklicher Mord wird geschehen."

Als Greta zu Ende gesprochen hatte, schloss sie ihre Augen. Sie sah sehr erschöpft[3] aus. Max saß mit offenem Mund vor ihr und war sehr blass. Er konnte nicht fassen, was er gerade gesehen und gehört hatte.

Greta öffnete die Augen und schaute ihn an. Ihre Pupillen waren wieder normal. „Sie müssen sich der Polizei stellen[4]!", sagte sie sehr aufgeregt.

Max schaute sie verwirrt an. „Was? Warum?"

„Das Messer – es gehört Ihnen! Ich habe gesehen, wie Sie auf eine junge Frau einstechen[5]. Immer und immer wieder. Sie müssen zur Polizei gehen und sich stellen! Meine Vorhersagen passieren meistens innerhalb einer Woche."

1 **etw. wortwörtlich nehmen** – *etw. genauso verstehen, wie es jemand sagt*
2 **die Pupille** – *schwarzer Teil des Auges*
3 **erschöpft** – *müde, weil man viel Energie für etw. gebraucht hat*
4 **sich stellen** – *zur Polizei gehen und sagen, dass man etw. Verbotenes getan hat*
5 **auf jdn. einstechen** – *eine Person mit einem Messer verletzten*

„Ich bin doch kein Mörder! Ich habe noch nie jemanden verletzt."

„Das spielt keine Rolle[1]! Sie müssen sich stellen. Meine Voraussagen lügen nicht. Niemals!"

Greta stand auf und ging hinüber zum Telefon. „Ich rufe jetzt die Polizei, dann kann sie Sie direkt mitnehmen."

„Nein! Das werden Sie nicht tun!", rief er, ging zu ihr hinüber und riss ihr das Telefon aus der Hand.

„Sie sind doch nicht ganz dicht[2]! Ich soll einer alten Frau glauben, die ihr Geld damit verdient, Menschen Lügengeschichten zu erzählen?"

„Sie können mir glauben oder nicht. Aber Sie werden diese junge, blonde Frau umbringen. Und das noch in dieser Woche!"

Max trat einen Schritt zurück. „Lisa? Ich werde Lisa umbringen?"

Er überlegte einen Augenblick. „Jetzt weiß ich, dass sie lügen. Lisa ist meine Verlobte. Ich liebe sie über alles. Ich könnte ihr nie etwas antun[3]."

Max nahm ein paar Geldscheine aus seiner Geldbörse und warf sie auf den Tisch. „Hier, Ihr Geld. Ich werde jetzt gehen. Wenn Sie die Polizei anrufen, dann verklage[4] ich Sie. Ich bin Anwalt, wie Sie wissen. Einer der besten der Stadt." Er dachte einen Moment lang nach. „Aber wenn ich es mir recht überlege – rufen Sie ruhig die Polizei. Sie können sie auch gerne zu mir nach Hause schicken. Sie wird feststellen, dass Lisa gesund und am Leben ist. Und das wird auch so bleiben!" Er verließ ihre Wohnung, ohne sich zu verabschieden.

Greta blieb einen Moment stehen und sah auf das Geld auf dem Tisch. Sie konnte die Bilder, die sie gesehen hatte, nicht loswerden. Sie hatte Max gesehen, wie er über der jungen Frau

1 **keine Rolle spielen –** *nicht wichtig sein*
2 **nicht ganz dicht sein (ugs.) –** *nicht ganz „normal" sein*
3 **jdm. etw. antun –** *etw. tun, das negative Folgen für jdn. hat*
4 **jdn. verklagen –** *einen Gerichtsprozess gegen jdn. beginnen*

stand und mit einem Küchenmesser auf sie einstach. Dieses Bild war grauenhaft[1]. So grauenhaft, dass sie sich entschloss, die Polizei anzurufen.

„Stadtpolizei Zürich, was kann ich für Sie tun?", sagte die Männerstimme am anderen Ende der Telefonleitung.

„Ja, hallo. Mein Name ist Greta Erwig. Ich möchte ein Verbrechen[2] melden."

„Nennen Sie mir Ihre genaue Adresse und wir schicken jemanden vorbei."

„Sie müssen zu einem Max Bruch in die Innenstadt fahren. Er ist Anwalt und er wird seine Verlobte Lisa umbringen."

„Habe ich Sie richtig verstanden? Sie möchten einen Mord melden, der noch nicht stattgefunden hat?"

„Ja, so kann man das sagen. Ich bin Hellseherin[3] und ich habe ihren Tod gesehen."

„Wie bitte?"

„Herr Bruch war gerade da und ich habe gesehen, wie er einen Mord begeht[4]."

„Es tut mir leid, Frau Erwig, aber solche Meldungen können wir nicht ernst nehmen[5]. Wir bekommen jede Woche sicher zwanzig solcher Anrufe. Tut mir leid."

„Moment mal! Was ich gesehen habe, war echt!"

Es war einen Moment lang still. „Hallo? Sind Sie noch da?", fragte Greta, aber der Mann hatte bereits aufgelegt.

Gretas Gabe wurde oft nicht ernst genommen. Normalerweise störte sie so etwas nicht. Aber in diesem Fall regte sie sich sehr auf[6].

Die Tür klingelte und Greta schaute auf die Uhr. Es war kurz vor elf Uhr. Die nächste Kundin stand schon vor ihrer Tür. Greta räumte noch schnell die Geldscheine weg und mischte

1 **grauenhaft** – *furchtbar, schlimm*
2 **das Verbrechen** – *Straftat, wie z.B. Mord oder Raub*
3 **die Hellseherin** – *Frau, die die Zukunft sehen kann*
4 **einen Mord begehen** – *jdn. töten*
5 **etw. ernst nehmen** – *eine Sache für wichtig halten*
6 **sich aufregen** – *wütend werden*

ihre Karten neu. Dann ging sie zur Tür und empfing eine ihrer Stammkundinnen[1].

Nach einem sehr langen Tag setzte sich Greta erschöpft in ihren Sessel. Sie hatte heute sechs Kunden empfangen. Es waren alles sehr interessante Menschen, aber nur einer ihrer Kunden ging ihr nicht mehr aus dem Kopf[2]: Max Bruch. Wo war er wohl gerade? Ob er wohl auf sie gehört hatte? Greta hatte fest vor, am nächsten Morgen zur Polizei zu gehen. Dann schlief sie noch im Sessel ein.

Am nächsten Morgen wachte Greta wie gewohnt um halb sieben auf und bereitete sich einen Kaffee zu. Sie war entschlossen, gleich zur Polizeiwache zu gehen, um nochmals mit einem Polizisten zu sprechen. Während sie in der Küche stand, schaltete sie wie immer das Radio an. Die Nachrichten liefen, als Greta den ersten Schluck heißen Kaffee trank.

„Am frühen Morgen, gegen 4.45 Uhr, wurde Max B., ein bekannter Anwalt, in der Züricher Innenstadt festgenommen. Stunden zuvor hatte er seine Verlobte erstochen. Er hatte sich selbst der Polizei gestellt und die Tat gestanden. Weitere Details sind noch unklar."

Greta Erwig schaltete das Radio aus und stellte ihre Kaffeetasse auf den Küchentisch. Sie fühlte sich schlecht. „Warum bin ich nicht schon gestern zur Polizei gegangen?", fragte sie sich und horchte[3] in die Stille um sie herum.

„Ja, warum bist du gestern nicht gegangen", sagte plötzlich eine fremde Frauenstimme. Greta schaute erschrocken auf. In der Ecke des Wohnzimmers stand Lisa Mainhoff. Greta stand auf, aber in dem Moment war der Geist[4] von Lisa Mainhoff schon wieder verschwunden.

„Lisa?", rief Greta. Aber es blieb still.

1 **die Stammkundin** – *Kundin, die regelmäßig kommt*
2 **nicht aus dem Kopf gehen** – *nicht vergessen können*
3 **horchen** – *genau (hin)hören*
4 **der Geist** – *Mensch, der nach seinem Tod zu sehen oder zu hören ist*

Zürich, Schweiz

Zürich ist die größte Stadt der Schweiz und ein multikulturelles Zentrum: 169 Nationen leben hier zusammen und von den circa 410.000 Einwohnern sind mehr als 30 Prozent Ausländer. Die meisten kommen aus Deutschland und Italien. Im internationalen Vergleich ist Zürich seit einigen Jahren die teuerste Stadt der Welt, aber auch die Stadt mit der weltweit höchsten Lebensqualität: Die Züricher lieben das große Kulturangebot und die Lage am Zürichsee und nahe der Alpen. Zürich ist außerdem ein sehr wichtiger Finanzplatz in Europa: Ein Viertel der Einwohner arbeitet in Banken, Versicherungen und anderen Bereichen der Finanzbranche[1].

1 **die Finanzbranche –** *alle Betriebe und Geschäfte, die sich mit Geld beschäftigen*

8. DER FLORIST

Julius Meyers Wohnung lag in der zweiten Etage eines Mehrparteienhauses[1] in Hannover. Er war fünfunddreißig Jahre alt, wohnte allein und arbeitete als Florist[2]. Er hatte einen kleinen Laden in einer Einkaufsstraße in der Nähe seiner Wohnung. Schon als Kind war er begeistert von Pflanzen und der Natur.

Julius dekorierte[3] auch gerne in den Fluren des Hauses, in dem er wohnte. Er verwendete nie die gleichen Blumen und Dekorationen, sondern wechselte sie jede Woche gegen neue aus.

Die Leute in dem Wohnhaus waren aber nicht sehr dankbar für seine Bemühungen. Sie fanden die Dekorationen zu aufwändig[4]. Einige der Bewohner waren auch allergisch gegen[5] viele der Blumen, Gräser und Pflanzen. Es gab oft Streit deswegen. Der Vermieter sagte schließlich, dass Julius nur vor seiner eigenen Tür dekorieren durfte. Julius war sehr enttäuscht, aber er wollte keinen weiteren Ärger mit den Nachbarn oder mit dem Vermieter.

Viele der Bewohner fanden Julius sehr merkwürdig[6] und sie redeten oft über ihn.

„Was für ein merkwürdiger junger Mann", sagten viele der älteren Bewohner.

1 **das Mehrparteienhaus** – *Haus mit mehreren Wohnungen*
2 **der Florist** – *Beruf, bei dem man Blumensträuße gestaltet und verkauft*
3 **dekorieren** – *einen Raum schmücken*
4 **aufwändig** – *hier: groß und übertrieben*
5 **allergisch gegen etw. sein** – *überempfindlich auf bestimmte Stoffe (Blumen, Staub, Tierhaare) reagieren*
6 **merkwürdig** – *seltsam, eigenartig*

„Er sollte lieber mal eine Frau finden und hier nicht dekorieren", meinten andere Nachbarn.

Julius grüßte selten jemanden im Haus und versuchte, keinen Blickkontakt mit den Nachbarn zu haben. Wenn er konnte, ging er ihnen aus dem Weg[1]. Er wartete zum Beispiel oft, dass sie in ihre Wohnungen gingen, und verließ erst dann seine eigene Wohnung.

Julius war nicht schüchtern, er war geistig krank. Er konnte die Gedanken anderer Menschen hören, und das war ihm unangenehm, denn viele der Gedanken waren nicht sehr nett, sondern unfreundlich, manchmal sogar böse. Julius war sich sicher, dass er die wahren Gedanken der Menschen hören konnte, wenn sie in seiner Nähe waren.

Darum versuchte er, sich auch nie länger als nötig mit jemandem zu unterhalten.

Außer mit Eva Neumann.

Eva war eine junge Fotografin, die gerade bei ihren Eltern ausgezogen war. Ihre Einzimmerwohnung lag auf der gleichen Etage wie Julius' Wohnung. Es war ein Sonntagmorgen, als Eva einzog. Julius war schon sehr früh wach und hörte den Umzugswagen[2]. Er sah vom Fenster aus zu, wie Eva und drei junge Männer ein Sofa, ein Bett und einen Kleiderschrank ins Haus trugen. Er ging immer wieder zu seiner Wohnungstür und hörte zu, was im Flur passierte. Die vier lachten und schienen gut befreundet zu sein. Julius hatte schnell verstanden, dass einer der Männer ihr Freund war. Eva klang sehr fröhlich und ihre Stimme war sehr angenehm.

Julius schaute durch den Türspion[3] in den Hausflur. Er sah zu, wie Eva versuchte, einen schweren Umzugskarton in ihre Wohnung zu tragen. Ihre Freunde waren unten beim Umzugswagen geblieben und rauchten. Eva hatte große Mühe,

1 **jdm. aus dem Weg gehen** – *einer Person nicht begegnen (wollen)*
2 **der Umzugswagen** – *großes Auto, mit dem man Möbel transportiert*
3 **der Türspion** – *kleine Öffnung in der Tür, durch die man in den Flur sieht*

den Karton zu tragen und Julius war kurz davor[1] hinauszugehen, um ihr zu helfen. In diesem Moment stellte sie den Karton auf den Boden und streckte sich. Julius betrachtete sie weiter durch den Türspion. Sie war sehr hübsch: Sie hatte kurze blonde Haare und eine sportliche Figur. Eva sah plötzlich zu Julius' Wohnung hinüber. Sie ging darauf zu und klingelte. Julius ging sofort von der Tür weg und wusste nicht, was er tun sollte. Er war ganz aufgeregt und kaute auf einem Fingernagel herum. Eva klopfte an seine Tür „Ich weiß, dass Sie da sind", sagte sie.

Julius blieb still. Konnte Eva etwa auch die Gedanken anderer hören?

„Mein Name ist Eva Neumann. Ich bin Ihre neue Nachbarin. Ich wollte mich nur kurz vorstellen."

Sie sagte einen Moment lang nichts. Julius dachte schon, dass die Unterhaltung vorbei war. „Ihre Dekorationen sind wirklich sehr schön", sagte sie zum Schluss, dann kamen ihre Freunde wieder nach oben.

Ihre freundliche Bemerkung über die Blumendekorationen überraschte Julius sehr. Sonst hatten sich die Nachbarn immer nur darüber lustig gemacht oder sich darüber geärgert. Eva war die erste, die etwas Freundliches darüber sagte.

„Vielen Dank", sagte er ganz leise. Eva und ihre Freunde waren aber schon längst in ihre Wohnung gegangen.

Bald hörte Julius laute Musik und die vier verbrachten den restlichen Nachmittag und Abend damit, die Möbel aufzubauen. Noch bis spät in die Nacht feierten Eva und ihre Freunde den Einzug. Julius störte der Lärm nicht, aber der Nachbar von unten kam an Evas Tür und beschwerte sich über die Lautstärke.

„Bitte entschuldigen Sie. Ich wollte Sie nicht stören. Ich bin gerade eingezogen", sagte sie zu ihm. Sie hörte sich betrunken an.

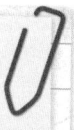

1 **kurz davor sein** – *gleich etw. tun wollen*

Der Nachbar war ein älterer Herr. „Drehen Sie die Musik leiser!“, befahl er. „Sonst rufe ich die Polizei!“

Eva machte daraufhin die Musik ganz aus. Julius wartete noch einen Moment an der Tür und ging dann ins Bett. Es war bereits vier Uhr morgens. Er war noch nie so lange aufgeblieben. Die Wände waren dünn und so konnte er hören, wie Eva und ihr Freund sich miteinander unterhielten. Dann wurde es leise und Julius schlief irgendwann ein.

Am nächsten Morgen wachte er spät auf. Es war bereits halb elf. Er duschte schnell, zog sich an und ging aus dem Haus. Normalerweise stand er um sechs Uhr morgens schon im Laden, aber heute hatte er verschlafen[1].

Die Bahnhofsstraße, in der er seinen Laden hatte, war schon voll mit Passanten[2]. Es war Anfang Dezember und sein Laden war immer gut besucht um diese Jahreszeit. Er öffnete die Ladentür und ging hinein. Er hatte am Vortag[3] eine große Lieferung bekommen und musste die Ware noch aus dem Lagerraum in den Laden holen. Er hatte schöne große Weihnachtsgestecke[4] gemacht und war sehr stolz darauf. Julius kannte seine Kunden sehr gut. Seit Jahren kauften sie bei ihm ein. Er hatte mit ihnen kein Problem, weil er ihre Gedanken gut ignorieren[5] konnte. Nur ab und zu hörte er sie und musste sich bemühen, nicht darauf zu achten. Er hatte verstanden, dass viele der Kunden sich nur über die Dekorationen und die Pflege der Blumen unterhalten wollten. Wenn sie ihn fragten, wie es ihm ging, sagte er immer nur: „Gut, und Ihnen?“ Das reichte ihnen oft schon und er musste bis zum Kassieren nicht mehr viel sagen. Viele Menschen liebten es zu reden und genossen es, wenn Julius ihnen einfach nur zuhörte und ab und zu nickte.

1 **verschlafen –** *nicht rechtzeitig aufwachen und zu spät zu einem Termin kommen*
2 **der Passant –** *Fußgänger, der an Geschäften vorbeigeht*
3 **am Vortag –** *am Tag vorher*
4 **das Weihnachtsgesteck –** *kunstvoller Strauß aus Blumen oder Zweigen mit weihnachtlicher Dekoration*
5 **ignorieren –** *nicht sehen oder hören wollen*

Er hatte den Laden gerade geöffnet, als eine Stammkundin hereinkam. Sie sah ganz besorgt aus. „Ist alles in Ordnung bei Ihnen? Sie waren heute Morgen nicht da. Sonst sind Sie immer da. Ist etwas passiert?"

Julius war überrascht über ihre Sorge um ihn. „Nein, nein. Ich habe nur verschlafen. Ich habe wohl gestern zu lange gefeiert", sagte er und ihm gefiel die Idee, dass er auch mit Eva und ihren Freunden gefeiert hatte.

„Dann ist ja gut", sagte die ältere Dame. „Junge Männer müssen auch mal Spaß haben. Kommen Sie lieber nicht zu oft zu spät. Sonst verlieren Sie schnell Ihre Kunden!", sagte sie ihm.

Julius nickte und fragte: „Sind Sie an einem meiner neuen Weihnachtsgestecke interessiert?"

„Nein, nein. Ich suche nur nach einem schönen Kranz[1]. Ich gehe heute zum Friedhof und besuche dort meinen Mann. Es ist bald Weihnachten und ich wollte sein Grab[2] noch etwas schmücken."

Julius verkaufte ihr einen sehr schönen Kranz mit einer Kerze in der Mitte.

„Vielen Dank. Der Kranz ist wunderschön. Der wird meinem Mann sicher gut gefallen", sagte sie, während Julius sie an der Ladentür verabschiedete. In diesem Moment sah er Eva. Sie kam gerade aus der Drogerie[3] gegenüber und ging dann zu seinem Blumenladen. Sie schaute erst in die Ladenfenster und dann zu ihm. Sie lächelte und Julius wurde ganz rot im Gesicht. Er fragte sich, warum sie ihn anlächelte und ging ganz schnell wieder in seinen Laden. Etwas später betrat Eva den Laden. Julius war inzwischen hinten im Lagerraum. Er hörte die kleine Glocke über der Tür und dann ihre Stimme.

1 **der Kranz** – *Blumen oder Zweige in Form eines Ringes zusammengebunden*
2 **das Grab** – *Platz auf einem Friedhof, wo ein Toter unter der Erde liegt*
3 **die Drogerie** – *Geschäft für Kosmetik-, Putz- und Körperpflegeprodukte*

„Hallo? Ist hier jemand?“, fragte sie. Julius riss sich zusammen[1] und ging nach vorne in den Laden.

„G-guten Tag“, stotterte[2] er. Wenn Julius sehr nervös war, stotterte er.

„Hallo!“, sagte sie voller Freude. Sie lächelte ihn an und Julius war von ihrem Lächeln wie geblendet[3]. Erst jetzt wurde ihm richtig klar, was für eine besondere Person sie war.

„Sie sind doch Herr Meyer von 2b, nicht wahr? Frau Dietrich aus 3a hat mir erzählt, dass Sie hier arbeiten.“

„J-ja. Das bin ich. Sie sind Frau Neumann. Die neue Nachbarin.“ Julius’ Stimme klang mechanisch[4].

„Ja, genau. Die bin ich.“ Sie streckte ihm ihre Hand entgegen. „Aber Sie können ruhig Eva und du sagen. Wir sind ja jetzt Nachbarn.“

„Freut mich, Eva. Ich bin J-Julius.“ Er nahm ihre Hand und wollte sie gar nicht mehr loslassen. Sie zog ihre Hand schließlich zurück und schaute sich neugierig in seinem Laden um.

„Die sind ja alle wunderschön!“, sagte sie begeistert und zeigte auf die Blumengestecke. „Hast du die alle gemacht?“

„J-ja. Die sind von mir. Gefallen sie dir wirklich?“, fragte er.

„Aber natürlich! Das sind echte Kunstwerke[5]! Das sieht doch jeder.“

Julius sah schüchtern zu Boden. Einen Augenblick später kamen ihr Freund und die beiden anderen Freunde zur Tür herein. Die Männer waren alle gutaussehend und sportlich.

„Das hier ist mein Freund Sven und das hier sind Robert und Alain. Leute, das ist mein neuer Nachbar Julius.“

1 **sich zusammenreißen** – *seine Gefühle kontrollieren*
2 **stottern** – *so sprechen, dass man Laute oder Silben wiederholt*
3 **von etw. wie geblendet sein** – *etw. ist so hell, dass man glaubt, nicht mehr gut zu sehen*
4 **mechanisch** – *wie eine Maschine, ohne Gefühl*
5 **das Kunstwerk** – *Produkt künstlerischer Arbeit*

Eva machte sie bekannt, aber die drei Männer waren in Eile und beachteten Julius nicht. „Los, Eva. Lass uns gehen! Sonst kommen wir noch zu spät!“, sagte Alain.

„Wir müssen echt los. Die Band wartet auf uns und wir wollen doch die neuen Musikstücke üben“, sagte Sven und zog Eva zu sich heran.

Julius hatte Schwierigkeiten, die Gedanken der drei Männer zu ignorieren. „Der ist doch irgendwie nicht richtig im Kopf[1]“, hörte er Robert denken.

„Das ist doch kein Mann. Der wohnt sicher noch bei seiner Mutter“, hörte er Alain denken.

„Wenn der glaubt, dass er bei Eva Chancen hat[2], irrt er sich. Er tut ihr nur leid[3]“, hörte er Sven denken.

Julius hatte Mühe, seine Wut und seine Verletzung zu verbergen[4].

Eva schaute zu Julius. „Tut mir leid. Ich muss los. Aber wenn du mal auf einen Kaffee vorbeikommen möchtest, kannst du jederzeit klingeln. Ich bin meistens abends zu Hause.“

Julius nickte und versuchte, keine Emotion zu zeigen. Als die vier aus seinem Laden gegangen waren, ging er in den Lagerraum. Er schlug mehrmals mit seinem Kopf gegen die Wand. „Du Idiot! Du Idiot!“, sagte er immer wieder. „Sie denken, du bist schwach und dumm! Du tust Eva nur leid!“

Julius konnte den Rest des Tages an nichts anderes denken als an die Begegnung mit Evas Freunden. Seine Wut über ihre Freunde wurde mit jeder Stunde mehr zu Hass[5].

Am Ende des Tages, als er um halb sieben die Ladentür abschloss, wusste er, was er tun musste. Aus seinem Laden hatte er eines der Blumengestecke mitgenommen, die Eva länger betrachtet hatte. Als Nächstes ging er in einen Supermarkt

1 **nicht (ganz) richtig im Kopf sein** – *seltsam oder verrückt sein*
2 **Chancen bei jdm. haben** – *sexuellen Kontakt zu einer Person bekommen*
3 **jdm. leidtun** – *Mitgefühl mit jdm. haben*
4 **verbergen** – *nicht zeigen*
5 **der Hass** – *sehr starke Wut, Gegenteil von Liebe*

und holte eine Flasche Sekt. Er kaufte und trank selbst nie Alkohol, aber er hatte vor kurzer Zeit eine Fernsehwerbung für eine Sektmarke gesehen und kaufte eine Flasche dieser Marke. Dann ging er direkt zu Evas Wohnung, ohne zuerst zu sich nach Hause zu gehen. Er klingelte bei ihr und hörte Musik im Hintergrund. Eva war also da. Er klingelte ein zweites Mal, als sie nicht aufmachte. Als Letztes klopfte er und dann machte Eva auf. Sie öffnete die Tür nur einen Spalt weit. Sie sah ganz verlegen[1] aus und hielt sich ein Betttuch um den nackten Körper. Julius verstand nicht sofort, dass sie nicht allein war.

„Hallo, Eva. Ich habe Sekt besorgt. Ein Willkommensgeschenk für dich", sagte er und versuchte, locker zu klingen.

„Hi, Julius. Du, ich bin gerade etwas beschäftigt. Können wir das auf morgen verschieben?"

„Ich bringe dir auch eines meiner Blumengestecke." Er hielt die Blumen hoch. Eva sah ihn voller Mitleid[2] an. Julius kannte diesen Gesichtsausdruck sehr gut. Viele Frauen hatten ihn schon so angesehen. „Ich kann jetzt gerade wirklich nicht", sagte sie und versuchte, ihn loszuwerden[3].

Plötzlich stand Sven im Türrahmen. Er schob Eva zur Seite. „Hör zu, du Spinner[4]. Wir sind gerade beschäftigt, klar? Komm ein anderes Mal wieder."

Einen Moment lang war Julius nicht sicher, ob er nur Svens Gedanken gehört hatte oder ob er wirklich so mit ihm redete.

„Hallo? Hörst du mich? Ich rede mit dir!", sagte er etwas lauter.

„I- Ich wollte nicht stören", sagte Julius leise.

„Hast du aber und jetzt tschüss!" Er riss ihm die Flasche Sekt aus der Hand. „Die Flasche nehmen wir gerne. Den anderen Müll kannst du behalten", sagte Sven und knallte Julius die Tür vor der Nase zu.

1 **verlegen** - *unsicher, weil eine Situation peinlich oder unangenehm ist*
2 **voller Mitleid** - *mit dem Gefühl, dass man jdm. helfen möchte*
3 **jdn. loswerden** - *jdn. zum Weggehen bringen*
4 **der Spinner** - *Mensch, der verrückte Sachen sagt oder tut*

Julius blieb benommen[1] stehen. Er war wirklich sehr verletzt. Er kannte dieses Gefühl sehr gut.

Viele Bilder aus seinem Leben tauchten aus seiner Erinnerung auf. Mit jeder Erinnerung kam der Hass, den er heute schon gefühlt hatte, zurück. Er spürte die Kraft des Hasses in seinem ganzen Körper. Er konnte nicht mehr klar denken. Der schüchterne und gute Teil in ihm verschwand. Jetzt wollte er nur noch eins: zurückschlagen.

Julius klopfte wieder gegen die Tür. Diesmal aber mit der Faust.

Er hörte schwere Schritte, die zur Tür kamen. Sven riss die Tür wütend auf und wollte ihn anschreien, aber Julius schlug ihm mitten ins Gesicht. Sven fiel zurück auf den Boden. Seine Nase blutete stark. Julius ging in die Wohnung und machte die Tür hinter sich zu. Er drehte die Musik lauter und beugte sich über Sven.

Sven wollte sofort aufstehen, aber Julius trat ihm in den Bauch. „Ganz ruhig. Sei still!" In diesem Augenblick kam Eva aus dem Bad gerannt und schaute entsetzt auf Sven und dann zu Julius.

„Was machst du da?", schrie sie Julius an. Er ging auf sie zu. „Ruhig. Bleib ganz ruhig", sagte er und hielt ihr seine Hand über Mund und Nase. „Es ist gleich vorbei."

Eva hatte Schwierigkeiten zu atmen. Mit der anderen Hand begann Julius, sie zu würgen[2]. Sie versuchte sich zu befreien, aber er konnte sie zu Boden drücken. Ihr Gesicht wurde ganz rot und sie konnte nicht mehr atmen. Sie versuchte, sich noch einmal zu befreien, aber Julius war zu stark. Nach einer Weile hatte Eva keine Kraft mehr. Ihre Arme sanken zu Boden und sie wurde ohnmächtig[3].

„Du warst so schön und so hell wie die Sonne", flüsterte er ihr ins Ohr.

1 **benommen** – *nicht ganz wach*
2 **jdn. würgen** – *jdm. den Hals zusammendrücken*
3 **ohnmächtig werden** – *das Bewusstsein verlieren, jdm. wird schwarz vor Augen*

In diesem Moment sprang Sven von hinten auf Julius und zog ihn von Eva weg. Die beiden Männer kämpften miteinander. Julius sah eine Schere auf dem Esstisch und nahm sie. Er stach Sven in den Oberschenkel und dann mitten in die Brust. Er stand ganz nah vor ihm.

„Schau mal, was ich, der Spinner, gemacht habe. Ich bin nicht schwach!", sagte Julius. Dann fiel Sven tot zu Boden.

Julius stand noch minutenlang in der Mitte des Raumes mit der blutigen Schere in der Hand, dann begann er, ruhiger zu werden. Die Wut verschwand und er wurde wieder er selbst. Er sah auf die zwei Körper. Evas Augen waren offen und starrten ins Nichts. Sie war tot.

„Was habe ich nur getan? Was habe ich nur getan?", sagte er mehrmals zu sich selbst.

„Was du getan hast? Das kann ich dir sagen", hörte er plötzlich eine Stimme sagen. Julius schaute sich um, aber es war niemand da.

„Wer bist du? Zeig dich!"

„Steh auf und geh zum Spiegel. Dann zeig ich dir, wer ich bin."

Julius verstand nicht, was gemeint war, aber er ging trotzdem zum Spiegel.

„Jetzt schau hinein!", befahl die Stimme. Julius schaute in den Spiegel. Die Stimme begann wieder zu sprechen, aber Julius sah, wie er selbst die Worte aussprach.

„Ich bin du und du bist ich. Wir sind eine Person. Weißt du nicht mehr, dass wir uns schon begegnet sind? Erinnerst du dich nicht? Vor ein paar Jahren haben wir etwas Ähnliches getan."

Julius schaute auf sein Spiegelbild und schüttelte den Kopf.

„Wir müssen jetzt die Leichen wegbringen. Du musst mich das machen lassen, wenn du nicht ins Gefängnis kommen willst. Einverstanden?" Julius überlegte einen Moment und nickte dann.

Am nächsten Morgen stand Julius wie gewohnt um fünf Uhr auf und machte sich dann auf den Weg in seinen Laden.

Er wusste nicht mehr, was er am Abend zuvor getan hatte. Die Erinnerung war völlig verschwunden.

Die Nachbarn sagten aus[1], dass sie nur laute Musik aus der Wohnung gehört hatten, aber sonst nichts. Es gab nichts, was Julius mit Eva in Verbindung bringen konnte, nur dass sie ihn in seinem Laden besucht hatte und er neben ihr gewohnt hatte.

Der Tag war wie immer. Julius schloss seinen Laden auf, ging in den Lagerraum und bereitete alles für neue Blumengestecke vor.

1 **aussagen –** *der Polizei Informationen zu einer Straftat geben*

Niki-de-Saint-Phalle-Promenade, Hannover

Einkaufen in **Hannover** ist ein großes Vergnügen. Die Bahnhofsstraße direkt am Hauptbahnhof ist eine der längsten Einkaufsstraßen Deutschlands. Diese Straße ist eine Fußgängerzone auf zwei Ebenen. Im Untergeschoss liegt die 650 Meter lange Niki-de-Saint-Phalle-Promenade, die in der Mitte nach oben offen ist. Links und rechts bieten viele Geschäfte alles, was man sich wünscht. Die Läden sind genauso „bunt" wie die Kunstwerke der französisch-schweizerischen Künstlerin Niki de Saint Phalle, nach der die Promenade benannt ist. Damit dankte man der Künstlerin, die der Stadt einige ihrer weltberühmten Nanas geschenkt hatte. Die Nanas sind große Figuren, die dicke Frauen in intensiven Farben darstellen.

9. GESTERN AM RHEIN

Jenny und David waren das perfekte Paar. Sie waren beide fünfundzwanzig Jahre alt und arbeiteten als Journalisten bei einer großen Basler Tageszeitung. Schon nach einem Monat Beziehung zogen sie gemeinsam in eine schöne Zweizimmerwohnung in Basel-Stadt. Ihr Leben war sehr ruhig und sie dachten darüber nach, zu heiraten und eine Familie zu gründen. Jenny war sich sicher, dass sie den Mann ihres Lebens gefunden hatte. Doch dann kam alles anders.

Es begann damit, dass David einen Zeitungsartikel zu den Serienmorden[1] – den Rhein-Morden – schreiben sollte. In zehn Monaten gab es vier Morde. Die vier Opfer waren junge Frauen Mitte zwanzig. Sie hatten alle blondes Haar und blaue Augen. Alle wurden mit einem Seil um den Hals an einer Brücke aufgehängt. Das erste Opfer fand man an der Mittleren Rheinbrücke. Das zweite Opfer an der Wettsteinbrücke und die dritte Frau an der Johanniterbrücke. Das vierte Opfer wurde in einer Fähre[2] gefunden. Die Einwohner waren sehr besorgt und fürchteten sich, aber die Polizei arbeitete Tag und Nacht, um den Rheinmörder bald zu finden. Zwei Monate lang überwachten sechs Polizisten Tag und Nacht jeden Fußgänger, der die Brücken überquerte. Während dieser Zeit gab es keinen neuen Mord. Die Ermittlungen[3] liefen weiter, aber die Leute hatten ihre Angst vergessen.

1 **der Serienmord** – *Mord, der anderen Morden ähnlich ist*
2 **die Fähre** – *Boot, das Menschen und Autos auf die andere Seite eines Flusses fährt*
3 **die Ermittlung** – *Untersuchung der Polizei*

David sollte einen Artikel über die Ermittlungen schreiben. Er nahm diese Aufgabe auch deswegen sehr ernst, weil eine seiner ehemaligen Mitschülerinnen unter den Opfern war: Laura Oswald. David und Laura waren im Gymnasium in derselben Klasse gewesen. Laura war das letzte Opfer.

David wollte seine Arbeit gut machen und recherchierte[1] Tag und Nacht. Jenny wunderte sich darüber. Eines Abends beim Abendessen fragte sie ihn, ob er nicht ein bisschen weniger arbeiten wollte. David wurde sehr wütend.

„Du hast keine Ahnung, wie ich mich fühle!“, schrie er sie plötzlich an. „Lass mich einfach in Ruhe“, sagte er und ging aus der Wohnung. Als er weg war, rief sie ihre beste Freundin Julia an und erzählte ihr von ihrem ersten Streit. Julia versuchte, sie zu beruhigen.

„Jedes Paar streitet sich ab und zu. Mach dir keine Sorgen. Wenn er wiederkommt, könnt ihr darüber reden.“

Aber David kam nicht zurück. Jenny suchte in seinem Handy nach den Nummern seiner Familie und Freunde, aber sie fand keine. Er hatte nur Jennys Nummer und die Nummer der Tageszeitung gespeichert. Sie rief bei der Zeitung an. Der Redaktionschef, Barrosso, war am Apparat und fragte sie, wo David ist.

„Ich weiß es nicht“, antwortete sie.

„Wenn du ihn siehst, sag ihm, ich muss mit ihm reden. Es ist dringend“, sagte er. Jenny wusste nicht, was sie tun sollte. Sie konnte nichts anderes tun als zu warten und zu hoffen, dass er bald wiederkommt.

Nach drei Tagen ging sie zur Polizei und meldete David als vermisst[2]. Jenny fragte, was als Nächstes passiert. Im gleichen Moment kamen zwei Polizisten zur Tür herein. Sie waren sehr aufgeregt. Jenny konnte das Gespräch zwischen den Polizisten hören.

1 **recherchieren -** *nach Informationen suchen*
2 **jdn. als vermisst melden -** *bei der Polizei melden, dass jemand verschwunden ist*

„Unglaublich! Er ist wieder da. Ich dachte, wir haben die Situation unter Kontrolle“, sagte der eine Polizist.

„Diesmal kriegen[1] wir ihn!“

Jenny fragte, ob sie den Rheinmörder meinten. Die zwei Polizisten schauten sie an, aber antworteten nicht. Ihre Gesichter sagten alles.

Jenny verließ die Polizeistation mit einem unguten Gefühl.

Als sie am Nachmittag wieder zur Arbeit ging, war die ganze Abteilung in Unruhe. Die Mitarbeiter standen in Grüppchen zusammen und einige weinten.

„Was ist los?“, fragte Jenny einen Arbeitskollegen. Er schaute sie verwundert an.

„Hast du es gar nicht mitbekommen? Barrosso – er ist tot.“

Jenny schaute ihn fassungslos[2] an. „Was? Wie ist das passiert?“

„Sie haben ihn im Rhein, an der deutsch-französischen Grenze, gefunden.“ Jenny schaute auf den Fernsehbildschirm. Der Nachrichtensprecher berichtete gerade über den Fall. Es wurde ein Foto von Barrosso gezeigt. Die Polizei vermutete, dass der Rheinmörder wieder gemordet hatte.

„Aber das passt gar nicht zu den anderen Morden“, sagte Jenny laut heraus. Keiner ihrer Kollegen sagte etwas.

Als sie sich wieder an ihren Schreibtisch setzte, kam eine junge Frau auf sie zu.

„Entschuldigen Sie bitte. Sind Sie Jenny Kaiser?“, fragte die Frau.

Jenny schaute sie an. „Ja. Was kann ich für Sie tun?“

„Mein Name ist Elisabeth. Ich war eine Freundin von Laura.“ Die Augen der jungen Frau füllten sich mit Tränen. Dann redete sie weiter. „Ich finde, Sie sollten etwas wissen.“

Jenny wurde nervös. „Was sollte ich wissen?“

1 **kriegen (ugs.)** – *fangen, festnehmen*
2 **fassungslos** – *ohne Verständnis, schockiert*

„David und Laura. Sie hatten sich vor ihrem Tod oft getroffen. Sie hatten eine Affäre[1]. Laura erzählte mir immer, dass er seine Freundin bald verlässt. Sie wollte mit ihm zusammenziehen. Sie war sehr glücklich. Noch bis kurz vor ihrem Tod war sie sich sicher, dass David der perfekte Mann für sie war."

Jenny wusste nicht, was sie sagen sollte. Hatte er sie die ganze Zeit angelogen[2]? David hatte ihr immer gesagt, dass er viele Überstunden[3] machen musste. War er in Wirklichkeit bei Laura gewesen?

„Warum sollte ich Ihnen glauben?", fragte Jenny.

Elisabeth nahm ihr Handy und zeigte ihr ein Foto von Laura und David in einer Wohnung. „Schauen Sie hier auf das Datum. Das war kurz vor Lauras Tod, in unserer WG[4]."

„Warum kommen Sie zu mir? Sollten Sie nicht besser zur Polizei gehen?", fragte Jenny.

„Ich war bereits bei der Polizei, aber sie haben bisher nichts gemacht."

Elisabeth nahm Jennys Hand. „Hören Sie. Ich muss mit David sprechen. Bitte sagen Sie mir, wo er ist. Ich möchte ihm in die Augen sehen. Ich muss wissen, ob er Laura …"

Jenny zog ihre Hand weg. „Ich weiß nicht, wo er ist. Er ist seit drei Tagen verschwunden. Ich suche schon die ganze Zeit nach ihm."

Elisabeth schaute Jenny erstaunt[5] an. Dann zeigte sie ihr eine Nummer in ihrem Handy. „Hier. Das ist seine andere Nummer. Versuchen Sie, ihn zu erreichen. Ich habe es schon probiert, aber er nimmt nicht ab."

1 **die Affäre -** *Liebesbeziehung*
2 **jdn. anlügen -** *jdm. nicht die Wahrheit sagen*
3 **die Überstunde -** *Zeit, die man mehr als die geregelte Arbeitszeit arbeitet*
4 **die WG (Wohngemeinschaft) -** *Wohnung, die sich mehrere Personen teilen*
5 **erstaunt -** *überrascht*

David hatte also ein Doppelleben[1]: zwei Freundinnen, zwei Handys. Jenny wählte die Nummer. Nach dem zehnten Klingeln nahm jemand ab.

„Hallo? David? Bist du es?“, fragte Jenny nervös.

„Hallo Jenny. Hier ist nicht David“, sagte eine männliche Stimme. „Wenn du David wiedersehen willst, komm heute Abend um 21 Uhr zur Dreirosenbrücke. Allein. Keine Polizei. Verstanden? Wenn du doch zur Polizei gehst, ist er tot. Erzähl niemandem etwas.“

Dann hörte Jenny, wie David im Hintergrund schrie: „Bitte Jenny. Er meint es ernst! Tu, was er dir sagt!“

Der fremde Mann legte auf. Jenny sah Elisabeth an.

„Und? Was hat er gesagt?“, fragte Elisabeth.

„Nichts. Er ist ein paar Tage weggefahren. Er muss einen klaren Kopf bekommen[2]. Er wird bald wieder da sein. Dann hat er aufgelegt.“

Elisabeth schaute sie kritisch an. „Warum sagen Sie mir nicht die Wahrheit?“, fragte sie.

„Ich erzähle Ihnen die Wahrheit“, sagte Jenny nervös. „Und jetzt entschuldigen Sie mich, ich muss wieder an die Arbeit gehen.“

Elisabeth stand auf.

„Sie können mir vertrauen[3]. Ich bin auf Ihrer Seite.“

Aber Jenny antwortete nicht und Elisabeth ging wieder. Jenny überlegte, was sie tun sollte. Wenn ich zur Polizei gehe, dachte sie, bringt der Mann David um. Wenn ich allein zur Dreirosenbrücke gehe, bringt der Mann mich *und* David um. Jenny fühlte sich hilflos und kam mit der Situation nicht klar. Sie fragte sich, ob sie ihn überhaupt retten wollte – nach allem, was er getan hatte. Aber sie konnte ihn nicht sterben lassen. Sie war sehr verletzt und wütend auf ihn, aber sie liebte ihn immer noch.

1 **das Doppelleben** – *zwei unterschiedliche Leben zur gleichen Zeit*
2 **einen klaren Kopf bekommen** – *die Gedanken ordnen*
3 **jdm. vertrauen** – *fest glauben, dass jemand zuverlässig ist*

Nach einer Stunde verließ Jenny das Büro. Auf dem Weg nach Hause überlegte sie, doch zur Polizei zu gehen und ihr von dem Telefonat zu erzählen. Aber sie entschied sich dagegen. Als sie zu Hause ankam, suchte sie in der Küche nach einer Waffe und packte ein großes Küchenmesser in ihre Tasche. Dann wartete sie, bis es Zeit war zu gehen.

Als sie die Dreirosenbrücke erreichte, sah sie zwei Polizisten bei der Brücke stehen und fühlte sich sofort sicherer. Im Notfall konnte sie um Hilfe schreien.

Jenny überlegte, wo David und dieser Mann sein konnten. Dann klingelte ihr Handy: Es war der fremde Mann. „Geh hinunter zum Rhein und dann nach links. Nach ungefähr 700 Metern wirst du ein Boot sehen. Es ist blau und weiß. Dort findest du David", sagte der Mann und legte wieder auf. Jenny ging hinunter zum Fluss. Als sie fast bei dem Boot war, nahm sie das Messer aus ihrer Tasche. Sie atmete tief ein und aus und ging auf das Boot zu. „David?", rief sie, aber er antwortete ihr nicht. Obwohl Jenny große Angst hatte, sprang sie auf das Deck. Die Tür zum Innenraum des Bootes war offen. „David!", flüsterte sie, aber er antwortete wieder nicht. Sie ging näher zur Tür. Dann spürte sie einen Schlag auf ihrem Hinterkopf und alles wurde schwarz.

Als Jenny wach wurde, lag sie im Boot und ihre Hände waren hinter ihrem Rücken gefesselt. Um ihren Hals war ein Seil gebunden. Neben ihr saß David und rauchte eine Zigarette. Er hatte noch nie vor ihren Augen geraucht.

„Was …?", sagte sie und zitterte. David schaute weg. „David! Was machst du da?", fragte Jenny. David stand auf und ein großer Mann setzte sich neben sie. „David – geh mal an Deck ein bisschen frische Luft schnappen[1]. Oder möchtest du hier sein, wenn ich sie töte?", fragte er ihn.

David schüttelte den Kopf und ging hinaus. Jenny konnte nicht glauben, was gerade passierte.

1 **frische Luft schnappen gehen** – *nach draußen gehen*

„Ich verstehe das nicht. Was ist hier los?"

Der Mann kniete sich neben sie. „Es ist ganz einfach. Ich erkläre es dir gerne. Mein Name ist Wolfgang Maier. Ich bin aber besser bekannt als der Rheinmörder. Dein Freund David hat seine andere Freundin Laura umgebracht, weil sie zu dir gehen und dir von ihrer Beziehung erzählen wollte. Er hatte Angst, dich zu verlieren. Ich habe aber alles gesehen. David muss mir seitdem helfen, sonst rufe ich bei der Polizei an und erzähle die ganze Geschichte. Ach, und dein Chef Barrosso hat einfach zu viele Fragen gestellt. Ich habe ihn getötet und David hat mir geholfen, die Leiche in den Rhein zu werfen. Auch du stellst zu viele Fragen. Ich denke, das ist klar, oder?"

Jenny begann zu weinen. „David! Bitte hilf mir! Bitte!", schrie sie.

„Nicht schreien", sagte Maier und zog das Seil immer enger um ihren Hals. In diesem Moment kam David zurück: Er hatte Jennys Messer in der Hand.

„Lass sie los! Sofort!", schrie er. Maier stand auf und lachte laut.

„Und plötzlich hast du ein schlechtes Gewissen[1]? Das wird dich leider auch nicht retten", sagte er und sprang auf David zu. Die zwei Männer kämpften um das Messer. Dann stürzten sie auf das Deck und es wurde still.

„David?", fragte Jenny. Aber es war Maier, der zurückkam.

„Das ist erledigt", sagte er und wischte sich das Blut von den Händen. „Dein Freund wollte einfach nicht auf mich hören[2]."

Maier kniete sich wieder vor sie und legte beide Hände um ihren Hals. Jenny machte die Augen zu. Sie fühlte sich schwächer und schwächer. Aber dann, plötzlich, konnte sie wieder atmen. Sie machte die Augen auf und sah Elisabeth, die hinter Maier stand. Sie hatte das Messer in der Hand und

1 **ein schlechtes Gewissen haben** – *das Gefühl haben, dass man etw. Schlechtes gemacht hat*

2 **auf jdn. hören** – *den Ratschlag von einer Person akzeptieren*

stieß in seinen Rücken – mitten durch sein Herz. Er nahm noch einen letzten Atemzug und fiel dann tot zu Boden.

„Ich habe doch gesagt, dass du mir vertrauen kannst“, hörte sie Elisabeth sagen, dann fiel Jenny in Ohnmacht[1].

Als Jenny wach wurde, lag sie im Krankenhaus. Erst dachte sie, dass alles nur ein Traum gewesen war, aber dann sah sie Elisabeth in einem Stuhl neben ihr schlafen. Auf ihrem Pullover war noch Blut. Jenny weckte Elisabeth nicht auf, sie schaute aus dem Fenster. In einem Baum saßen zwei Vögel. Ein Vogel flog weg, der andere blieb sitzen und schaute zu ihr ins Zimmer. „Nimm mich mit, nimm mich mit, kleiner Vogel“, flüsterte Jenny und schlief ein.

1 **in Ohnmacht fallen** - *das Bewusstsein verlieren; jdm. wird schwarz vor Augen*

Basel, Schweiz

Die Stadt **Basel** liegt im Nordwesten der Schweiz. Mitten durch die Stadt fließt der Rhein. Um von der einen auf die andere Seite des Flusses zu kommen, kann man eine der acht Brücken benutzen. Oder aber man überquert den Rhein wie die Menschen schon vor 150 Jahren mit einer Fähre. Es gibt noch vier dieser kleinen Fähren, die 1944 bei einem großen Stadtfest ihre Schweizer Namen bekommen haben. Sie heißen bis heute Wild Maa (wilder Mann), Leu (Löwe), Vogel Gryff (ein Fantasietier zwischen Löwe und Vogel) und Ueli (ein männlicher Vorname). Die Basler Fähren sind aus Holz und funktionieren ohne Motor. Nur mit Hilfe der natürlichen Wasserkraft des Rheins steuert der Fährmann oder die Fährfrau das Boot ans andere Ufer. Wenn man mit einer dieser Fähren fahren möchte, läutet man die Glocke am Steg[1], wartet, bezahlt und steigt ein.

1 **der Steg** – *kleine Brücke aus Holz, auf der man zu einem Boot gehen kann*

10. WIE DER VATER, SO DER SOHN

„Der Mord geschah in der Nacht des 25.10.2015 in einer Wohnwagensiedlung[1] im Stadtteil Ehrenfeld in Köln. Das Opfer[2], eine junge Frau, wurde neben einem Wohnwagen begraben. Melanie B. studierte Englisch und Philosophie an der Universität zu Köln und war sehr beliebt unter ihren Mitstudenten. Ihre Eltern möchten keine Aussage zum Tod ihrer Tochter machen. Man vermutet, dass es sich entweder um einen Mord aus Rache[3] oder aus Eifersucht[4] handelt. Die Ermittlungen der Polizei …"

Tim schaltet den Fernseher aus, denn er kennt das Ergebnis der Ermittlungen. Er sitzt zu Hause in der großen Villa seines Vaters und starrt auf den schwarzen Bildschirm des Fernsehers.

Tim ist vor zwei Monaten zu seinem Vater nach Köln gezogen. Vorher lebte er bei seiner Mutter in einer kleinen Wohnung in Berlin. Sie hatten wenig Geld. Seine Mutter arbeitete als Reinigungskraft, denn sie wollte das Unterhaltsgeld[5] ihres Ex-Mannes nicht annehmen. Sie wollte ihren Sohn ohne seine Hilfe großziehen und sein Vater war einverstanden. Seine Eltern hatten sich kurz nach seiner Geburt getrennt und er hatte noch nie ein besonders gutes Verhältnis zu seinem Vater.

Auf der Beerdigung seiner Mutter traf er ihn das erste Mal nach siebzehn Jahren wieder an. Er trug einen teuren Anzug und weinte. Tim wollte ihm am liebsten ins Gesicht schlagen,

1 **die Wohnwagensiedlung** – *Platz, wo Menschen in Wohnwagen wohnen*
2 **das Opfer** – *Person, die verletzt oder getötet wird*
3 **die Rache** – *Handlung gegen jdn., der einem etw. Böses getan hat*
4 **die Eifersucht** – *negatives Gefühl, z. B. die Angst, den Partner zu verlieren*
5 **das Unterhaltsgeld** – *Geld, das man nach einer Scheidung jeden Monat an den Ex-Ehepartner zahlt*

aber er tat es nicht. Bei der Trauerfeier entschuldigte sich sein Vater bei ihm und fragte, ob er nicht bei ihm in Köln leben wollte. Tim schaute auf die teure Uhr an seinem Handgelenk und dachte, dass es eine gute Idee war, also sagte er ja. Sein Vater war reich und nicht oft zu Hause – er war Geschäftsmann. Tim wollte keinen Vater, sondern Geld. Also zog er nach Köln und schrieb sich an der Uni Köln ein. Er wollte Philosophie studieren. Sein Vater war dagegen, er schlug vor, dass Tim Betriebswirtschaftslehre[1] studiert. „Dann verdienst du später mehr Geld", sagte er.

Doch es war Tim egal, was er dachte. Er interessierte sich nicht für BWL oder irgendein anderes Fach. Am liebsten wollte er nichts tun.

Die ersten Monate gingen sehr schnell vorbei. Tim ging zu den Vorlesungen[2] und begann sogar, sich für Philosophie zu interessieren. Er ging auch gerne zur Uni, weil er wusste, dass Melanie dort war. Er hatte sie während der ersten Vorlesung kennengelernt: Er hatte Melanie angelächelt und sie hatte zurück gelächelt. Von da an waren sie unzertrennlich[3]. Tim wusste sehr schnell, dass er sich in sie verliebt hatte. Sie verbrachten fast jede freie Minute miteinander, gingen zusammen ins Kino oder spazieren. Sie trafen sich im Café und unterhielten sich stundenlang miteinander. Wenn sie auf Partys eingeladen waren, blieben sie unter sich und redeten kaum mit anderen Leuten. Jedes Mal, wenn sie sich verabschiedeten, tat es Tim weh. Er wollte keinen Moment mehr ohne sie sein.

Nach etwa einem Monat nahm er Melanie zu sich nach Hause mit. Er hatte sehr lang damit gewartet, weil ihm die

1 **Betriebswirtschaftslehre (BWL)** – *Studienfach, in dem man lernt, wie Firmen arbeiten und sich organisieren*
2 **die Vorlesung** – *Kurstyp an einer Universität: ein Dozent erklärt etw. und die Studenten hören zu*
3 **unzertrennlich** – *immer zusammen*

Villa seines Vaters peinlich[1] war. Als die beiden auf die Haustür zugingen, hielt Melanie an.

„Hier wohnst du?“, fragte sie.

„Ja. Das Haus gehört meinem Vater.“

„Dann gehört es auch dir“, sagte sie.

Als sie hineingingen, stand sein Vater in der Küche und öffnete gerade eine Flasche Champagner.

„Hallo!“, sagte er zu den beiden und reichte jedem ein volles Glas. Melanie nahm das Glas und stieß mit Tims Vater an[2].

„Prost!“, sagte er, aber Tim stieß nicht mit ihnen an.

„Was gibt es zu feiern?“, fragte Tim.

„Ich habe heute sehr viel Geld verdient. Das ist doch ein guter Grund, um ein wenig zu feiern“, antwortete sein Vater und schaltete die Stereoanlage an. Er war bereits betrunken und begann zu tanzen.

„Komm, Melanie. Wir gehen in mein Zimmer“, sagte Tim und nahm sie an der Hand. Doch Melanie wollte nicht.

„Ach komm. Das macht doch Spaß!“, sagte sie, ging auf seinen Vater zu und begann, mit ihm zu tanzen.

Tim sah den beiden zu, wie sie miteinander lachten und tanzten. Er wurde wütend und ging in sein Zimmer. Er schaltete den Fernseher an und versuchte, sich abzulenken[3]. Irgendwann schlief er ein.

Es war dunkel draußen, als er wach wurde. Er schaltete den Fernseher aus. Er konnte keine laute Musik mehr hören. Er ging hinunter: Die Stereoanlage war aus. Zwei leere Champagnerflaschen standen auf dem Boden. Er ging in die Küche und ins Esszimmer, doch sein Vater und Melanie waren verschwunden. Dann hörte er ein Geräusch. Es kam aus dem Gästezimmer im Erdgeschoss. Tims Hände begannen zu zittern und sein Herz klopfte stark. Er öffnete die Tür und fand seinen

1 **peinlich** - *unangenehm*
2 **anstoßen** - *die Gläser heben, um etw. zu feiern*
3 **sich ablenken** - *sich auf etw. anderes konzentrieren*

Vater mit Melanie im Gästebett vor. Sein Vater lag im Bett und Melanie wollte gerade aufstehen. Tim war fassungslos. Er fühlte, wie seine Wut wieder hochkam.

Er ging auf Melanie zu und packte sie. „Wie kannst du mir das nur antun[1]? Ich liebe dich doch!", schrie er sie an.

„Ach Tim. Du bist nicht mein Typ. Ich mag lieber richtige Männer, keine kleinen Jungs." Melanie versuchte, sich aus Tims Griff zu befreien. „Lass mich los!", schrie sie ihn an, aber Tim stieß Melanie zur Seite weg. Melanies Kopf prallte[2] auf die Kante des Nachttisches. Sie fiel zu Boden und blieb da liegen. Tim drehte sich zu seinem Vater. Dieser setzte sich im Bett auf und schaute erschrocken zu Melanie hinunter.

„Was hast du nur getan, Junge?", fragte er ihn.

Tim schaute zu Melanie hinunter. Aus ihrem Kopf kam Blut. Sein Vater stand aus dem Bett auf und kniete sich neben Melanie. Er fühlte ihren Puls am Hals und dann an ihrem Handgelenk.

„Sie ist tot", sagte er und schaute zu seinem Sohn auf. Tim zitterte am ganzen Körper. „Nein, nein, nein …", wiederholte er. „Das kann nicht sein."

„Tim, wir müssen jetzt schnell handeln", sagte sein Vater und begann sich anzuziehen.

„Wir müssen die Polizei rufen!", schrie Tim und wollte zu seinem Handy greifen.

„Nein! Tu das nicht!", schrie sein Vater. „Das wird dein ganzes Leben ruinieren[3] und meines auch!"

„Also was sollen wir …", fragte Tim unsicher.

„Wir müssen nur zusammenhalten[4], dann wird alles gut." Er begann, Melanie in den großen Teppich einzurollen. Tim zögerte.

1 **jdm. etw. antun** – *etw. tun, das negative Folgen für jdn. hat*
2 **prallen auf etw.** – *mit großer Kraft gegen etw. schlagen*
3 **ruinieren** – *zerstören*
4 **zusammenhalten** – *sich gegenseitig helfen*

„Hilf mir mal!", schrie sein Vater.

Sie legten die Leiche[1] ins Auto, dann nahmen sie Melanies Kleid und ihre Schuhe und stopften die Sachen in eine Plastiktüte. Sie fuhren zur Wohnwagensiedlung und setzten die Leiche hinter einen Wohnwagen ab. Den Teppich nahmen sie wieder mit. Als sie im Auto saßen und wieder nach Hause fuhren, dachte Tim darüber nach, was er getan hatte. Sein Vater telefonierte.

„Ja, wir treffen uns dann in zwanzig Minuten. Du weißt, was zu tun ist."

„Wer war das?", fragte Tim, als sein Vater auflegte.

„Ein Profi wird sich jetzt um den Rest kümmern. Wir werden nichts mehr mit dieser Sache zu tun haben. Versprochen. Wundere dich nur nicht, wenn du bald in den Nachrichten von dem Fall hörst und die Polizei den Täter[2] gefangen hat. Keine Sorge. Der Täter wirst nicht du sein."

Tim sitzt in der Villa seines Vaters und starrt auf den schwarzen Bildschirm des Fernsehers. Der Mörder wurde gefasst. Ein 56-jähriger Mann, der wegen Mord bereits im Gefängnis war. Tim steht auf und schaut aus dem Fenster. In der Spiegelung[3] des Fensters sieht er die große Wanduhr. Zeit, zur Uni zu gehen. Die nächste Vorlesung beginnt in einer Dreiviertelstunde. Er überlegt, ob er nicht zur Polizeistation gehen sollte, um alles zu erzählen. Morgen. Morgen gehe ich zur Polizei, denkt er sich. Er nimmt seinen Rucksack und macht sich auf den Weg zur Uni.

1 **die Leiche** - *der Körper eines toten Menschen*
2 **der Täter** - *jemand, der eine Straftat begangen hat*
3 **die Spiegelung** - *Bild, das man wie in einem Spiegel sieht*

Ein Gebäude der Universität zu Köln

Die **Universität zu Köln** wurde 1388 gegründet und ist nach Prag (1348), Wien (1365) und Heidelberg (1386) die viertälteste Universität Europas. 1798 wurde sie während der Franzosenzeit[1] geschlossen und erst 1919 wieder eröffnet. Nach dem Zweiten Weltkrieg, in dem in Köln sehr viele Gebäude zerstört wurden, begann die Universität 1945 wieder mit den Vorlesungen und man baute den Campus neu auf. Heute ist die Universität zu Köln eine der größten Universitäten Deutschlands. Im Wintersemester[2] 2014/2015 zählte man über 49.000 Studierende, davon waren über 29.000 Frauen und 10 Prozent Ausländer. Es gibt viele Gründe, warum die Universität zu Köln sehr beliebt ist. Zwei davon sind: Der Campus liegt mitten in der Stadt und man kann über 260 Fächer studieren.

1 **die Franzosenzeit** – *Zeit, in der ein Teil Westdeutschlands zu Frankreich gehörte*
2 **das Wintersemester** – *halbes Jahr zwischen Oktober und März an Universitäten*

WORTLISTE

Verwendete Abkürzungen

jdn. = jemanden
jdm. = jemandem
etw. = etwas
ugs. = umgangssprachlich

sich	**ablenken (von etw.)**	*auf andere Gedanken kommen*
die	**Achse, -n**	*gedachte Linie, um die etw. rotiert*
die	**Affäre, -n**	*Liebesbeziehung*
	allein zurechtkommen	*keine Hilfe brauchen*
	alleinstehend	*ohne Ehepartner*
	allergisch gegen etw. sein	*überempfindlich auf bestimmte Stoffe (Blumen, Staub, Tierhaare) reagieren*
jdn.	**als vermisst melden**	*bei der Polizei melden, dass jemand verschwunden ist*
	am Vortag	*am Tag vorher*
	amüsant	*lustig, unterhaltsam*
	ängstlich	*voll Angst*
jdn.	**anlügen**	*jdm. nicht die Wahrheit sagen*
	anstoßen	*die Gläser heben, um etw. zu feiern*
die	**Antenne, -n**	*Konstruktion aus Metall, mit der man Radio- und Fernsehsignale empfängt*
jdm. etw.	**antun**	*etw. tun, das negative Folgen für jdn. hat*
die	**Anwaltskanzlei, -en**	*Büro, in dem Anwälte arbeiten*
die	**Asche, -n**	*graues Pulver von einem verbrannten Material*
der	**Asphalt, -e**	*dunkler Straßenbelag*
sich	**auf den Weg machen**	*losfahren*
	auf der Durchreise sein	*kurze Zeit an einem Ort sein und dann weiterfahren*
	auf Drogen sein (ugs.)	*Drogen, wie z. B. Kokain, genommen haben*
etw.	**auflösen**	*etw. in eine Flüssigkeit tun, damit es seine feste Form verliert*
das	**Aufnahmegerät, -e**	*Gerät, mit dem man Gespräche aufnehmen kann; Diktiergerät*
sich	**aufregen**	*wütend werden*

	aufwändig	*groß und übertrieben*
jdm.	**aus dem Weg gehen**	*einer Person nicht begegnen (wollen)*
	aus einem guten Haus kommen	*reiche und gebildete Eltern haben*
	auskommen mit jdm.	*sich mit jdm. verstehen*
die	**Ausrede, -n**	*eine Art Grund oder Entschuldigung*
die	**Aussage, -n**	*Erklärung zu einer Straftat*
	aussagen	*der Polizei Informationen zu einer Straftat geben*
die	**Außenpforte, -n**	*Häuschen vor dem Gefängnis, wo sich Besucher anmelden müssen*
	außer Atem sein	*nicht mehr atmen können*
die	**Aussichtsetage, -n**	*Stockwerk, von dem aus man einen schönen und weiten Blick hat*
die	**Ausstrahlung, -en**	*Wirkung auf andere Menschen*
die	**Axt, Äxte**	*Werkzeug, mit dem man Holz in Stücke hacken kann*
der	**Ballsaal, -säle**	*großer festlicher Raum*
die	**Baumkrone, -n**	*oberer Teil eines Baums*
jdn.	**bedrohen**	*jdm. mit Worten oder einer Waffe gefährlich werden*
der	**Beifahrersitz, -e**	*Sitz neben dem Autofahrer*
jdn.	**beiseitenehmen**	*mit jdm. allein sprechen*
sich	**bekleckern**	*sich mit etw. schmutzig machen*
jdn.	**belästigen**	*eine Person immer wieder stören oder ärgern*
	beleidigt	*emotional verletzt*
	benommen	*nicht ganz wach*
die	**Beschwerden (Plural)**	*gesundheitliche Probleme*
	besser gesagt	*mit genaueren Worten gesagt*
	Betriebswirtschaftslehre (BWL)	*Studienfach, in dem man lernt, wie Firmen arbeiten und sich organisieren*
der	**bewaffnete Raubüberfall**	*eine Straftat, bei der ein Geschäft mit einer Waffe ausgeraubt wird*
die	**Blechdose, -n**	*Dose aus dünnem Metall*
das	**Blickfeld, -e**	*Bereich, den man mit beiden Augen sieht*
die	**Bremsspur, -en**	*schwarzer Streifen von einem Reifen*
der	**Briefumschlag, -umschläge**	*Papierhülle für einen Brief*
der	**Buhruf, -e**	*Ruf, den man äußert, wenn man etw. schlecht findet*
	Chancen bei jdm. haben	*sexuellen Kontakt zu einer Person bekommen*
	darüber schauen	*nur kurz lesen*
	dekorieren	*einen Raum schmücken*

	Den Teufel werde ich tun!	*Ausruf des Ärgers, wenn man etw. nicht tun will*
das	**Doppelleben, -**	*zwei unterschiedliche Leben zur gleichen Zeit*
der	**Dreitagebart, -bärte**	*sehr kurzer Bart*
die	**Drogerie, -n**	*Geschäft für Kosmetik-, Putz- und Körperpflegeprodukte*
	Du meine Güte!	*Ausruf der Überraschung oder des Erschreckens*
sich	**ducken**	*sich schnell nach unten beugen*
etw.	**durchmachen**	*etw. Schlimmes erleben*
der	**Durchmesser, -**	*Linie, die durch die Mitte eines Kreises oder einer Kugel geht*
die	**Eifersucht (kein Plural)**	*ein negatives Gefühl, z. B. die Angst, den Partner zu verlieren*
sich	**einlassen mit jdm.**	*eine Affäre mit jdm. haben*
	einstechen auf jdn.	*eine Person mit einem Messer verletzten*
der	**Einstich, -e**	*Verletzung durch ein Messer*
die	**Eisentür, -e**	*Tür aus einem schweren Metall*
die	**Elbe**	*Name des Flusses, der durch Hamburg fließt*
jdn.	**entlassen**	*jdm. erlauben, das Gefängnis zu verlassen*
die	**Entlassung, -en**	*Kündigung der Arbeitsstelle*
die	**Erleichterung, -en**	*Gefühl, dass man von Stress befreit ist*
die	**Ermittlung, -en**	*Untersuchung der Polizei*
etw.	**ernst nehmen**	*eine Sache für wichtig halten*
	erschöpft	*müde, weil man viel Energie für etw. gebraucht hat*
	erstaunt	*überrascht*
jdn.	**ersticken**	*jdm. die Luft zum Atmen wegnehmen und so töten*
	es geht bergab mit jdm.	*jdm. geht es z. B. beruflich oder finanziell immer schlechter*
	es nur gut meinen	*wollen, dass es jdm. gut geht*
das	**Fabrikgelände, -**	*Grundstück, auf dem eine oder mehrere Fabriken stehen*
die	**Fähre, -n**	*Boot, das Menschen und Autos auf die andere Seite eines Flusses fährt*
der	**Fall, Fälle**	*Situation, die die Polizei untersucht*
jdm.	**fällt etw. auf**	*auf etw. Besonderes aufmerksam werden*
der	**Fasching (süddeutsch und österreichisch), -e/-s**	*Karneval*
	fassungslos	*schockiert, ohne Verständnis*

die	**Finanzbranche, -n**	*alle Betriebe und Geschäfte, die sich mit Geld beschäftigen*
	flehen	*intensiv um etw. bitten*
der	**Flohmarkt, -märkte**	*Markt, auf dem man gebrauchte Gegenstände kaufen kann*
der	**Florist, -en**	*Beruf, bei dem man Blumensträuße gestaltet und verkauft*
	fluchen	*Schimpfworte sagen*
	flüchten	*schnell von einem Ort weggehen, z. B. aus Angst*
der	**Frack, Fräcke**	*festlicher Anzug, bei dem die Jacke vorne kurz und hinten knielang ist*
die	**Franzosenzeit**	*Zeit, in der ein Teil Westdeutschlands zu Frankreich gehörte*
	frische Luft schnappen gehen	*nach draußen gehen*
jdn.	**für dumm verkaufen**	*versuchen, jdn. zu betrügen*
die	**Gabe, -n**	*besondere Fähigkeit oder Begabung*
der	**Geist, -er**	*Mensch, der nach seinem Tod zu sehen oder zu hören ist*
	genießen	*Freude empfinden*
	gereizt	*nervös und aggressiv*
	gießen	*einer Pflanze Wasser geben*
	gleichgültig	*ohne Interesse*
das	**Grab, Gräber**	*Platz auf einem Friedhof, wo ein Toter unter der Erde liegt*
	graben	*ein Loch in die Erde machen*
	grauenhaft	*furchtbar, schlimm*
das	**Grinsen (kein Plural)**	*freches Lächeln*
	gut ausgehen	*ein glückliches Ende haben*
das	**Gymnasium, Gymnasien**	*höhere Schule*
die	**Habseligkeiten (Plural)**	*persönlicher Besitz, der nur aus wenigen Dingen besteht*
der	**Häftling, -e**	*Person, die im Gefängnis sitzt*
die	**Händlerin, -nen**	*Frau, die Waren kauft und wieder verkauft*
der	**Hass (kein Plural)**	*sehr starke Wut, Gegenteil von Liebe*
	Hauen Sie ab! (unhöflich)	*Gehen Sie weg!*
der	**Held, -en**	*Person, die gefährliche Aufgaben löst und anderen Menschen hilft*
die	**Hellseherin , -nen**	*Frau, die die Zukunft sehen kann*
	herumalbern	*Witze, Späße machen*
	herumschrauben	*basteln*
	heruntergekommen	*in sehr schlechtem Zustand, ungepflegt*
	hineinbekommen	*mit Erfolg in einen Ort bringen oder legen*

der	**Hocker, -**	*Stuhl ohne Rückenlehne*
	horchen	*genau (hin)hören*
	hören auf jdn.	*den Ratschlag von einer Person akzeptieren*
das	**Hostel, -s**	*günstige Unterkunft*
	Ich hätte nie gedacht, dass ...	*Ich konnte mir vorher nicht vorstellen, dass ...*
	ignorieren	*nicht sehen oder hören wollen*
die	**Imbissbude, -n**	*Stand, an dem man kleine Mahlzeiten und Getränke bekommt*
	in Ohnmacht fallen	*das Bewusstsein verlieren; jdm. wird schwarz vor Augen*
	in Rente gehen	*nicht mehr arbeiten müssen und Geld vom Staat bekommen*
	in Strömen regnen	*sehr stark regnen*
	irritiert	*überrascht, verwundert*
der	**Jackpot, -s**	*Hauptgewinn*
	jammern	*klagen, sich beschweren*
	Jura	*Rechtswissenschaften (Studienfach an der Universität)*
die	**Kartenlegerin, -nen**	*Frau, die die Zukunft in Tarotkarten sieht*
die	**Kehle, -n**	*vorderer Teil des Halses*
	keine Rolle spielen	*nicht wichtig sein*
	kerngesund	*vollkommen gesund*
der	**Kieselweg, -e**	*Weg, der mit kleinen Steinen bedeckt ist*
die	**Klappe halten (ugs.)**	*ruhig sein*
einen	**klaren Kopf bekommen**	*die Gedanken ordnen*
	klatschen	*etw. treffen und dabei ein lautes Geräusch machen*
das	**Knallgeräusch, -e**	*kurzes, sehr lautes Geräusch wie bei einer Explosion*
der	**Kofferraum, -räume**	*Laderaum hinten im Auto zum Transport von Gepäck*
der/das	**Koks (kein Plural)**	*Kokain*
die	**Kontaktdaten (Plural)**	*Adresse und Telefonnummer*
der	**Kranz, Kränze**	*Blumen oder Zweige in Form eines Ringes zusammengebunden*
das	**Kreuzworträtsel, -**	*Rätsel, bei dem man Wörter von links nach rechts und von oben nach unten finden muss*
	kriegen (ugs.)	*fangen, festnehmen*
die	**Kristallkugel, -n**	*Kugel aus Glas, in der Hellseher die Zukunft sehen können*
das	**Kunstwerk, -e**	*Produkt künstlerischer Arbeit*
	kurz davor sein	*gleich etw. tun wollen*

die	**Ladentheke, -n**	*langer Tisch in einem Geschäft, hinter dem der Verkäufer steht*
die	**Landstraße, -n**	*Straße auf dem Land zwischen zwei Dörfern*
die	**Leiche, -n**	*Körper eines toten Menschen*
jdm.	**leidtun**	*Mitgefühl mit jdm. haben*
jdn./etw.	**loswerden**	*jdn. zum Weggehen bringen; sich von etw. trennen*
	lügen	*nicht die Wahrheit sagen*
die	**Manieren (Plural)**	*Höflichkeit, gutes Benehmen*
der	**Maskenball, -bälle**	*Fest, bei dem man tanzt und eine Maske trägt*
	mechanisch	*wie eine Maschine, ohne Gefühl*
das	**Mehrparteienhaus, -häuser**	*Haus mit mehreren Wohnungen*
die	**Menschenmenge, -n**	*große Gruppe von Menschen*
	merkwürdig	*seltsam, eigenartig*
	mit einem Mal	*plötzlich*
	mit Vollgas	*sehr schnell*
die	**Mitfahrgelegenheit, -en**	*Möglichkeit, im Auto einer (fremden) Person mitzufahren*
einen	**Mord begehen**	*jdn. töten*
die	**Mottenkugel, -n**	*Mittel gegen Motten (Insekten, die Löcher in Kleidung machen)*
der	**Mundwinkel, -**	*Seite, wo die obere und untere Lippe zusammenkommen*
	nachschauen	*nachsehen, kontrollieren*
das	**Navigationsgerät, -e**	*Gerät, das zeigt, wie man zu einer Adresse kommt*
	nicht (ganz) richtig im Kopf sein	*seltsam oder verrückt sein*
	nicht aus dem Kopf gehen	*nicht vergessen können*
etw.	**nicht fassen**	*etw. nicht verstehen können*
	nicht ganz dicht sein (ugs.)	*nicht ganz „normal" sein*
	nicht mit etw. rechnen	*etw. nicht erwarten*
die	**Obduktion, -en**	*Untersuchung an einer Leiche*
	ohnmächtig werden	*das Bewusstsein verlieren, jdm. wird schwarz vor Augen*
das	**Opfer, -**	*Person, die verletzt oder getötet wird*
	panisch	*voller Angst*
der	**Passant, -en**	*Fußgänger, der an Geschäften vorbeigeht*
	peinlich	*unangenehm*
das	**Pfandhaus, -häuser**	*Geschäft, in dem man sich Geld leihen kann, wenn man einen wertvollen Gegenstand dort lässt*

die	**Polizeieinheit, -en**	*Gruppe von Polizisten*
	prallen auf etw.	*mit großer Kraft gegen etw. schlagen*
der	**Presseausweis, -e**	*Dokument, mit dem Journalisten Zutritt zu einer Veranstaltung haben*
die	**Promenade, -n**	*breiter, schöner Weg für Fußgänger oder Radfahrer*
der	**Puls, -e**	*Herzschlag*
die	**Pupille, -n**	*schwarzer Teil des Auges*
die	**Rache (kein Plural)**	*Handlung gegen jdn., der einem etw. Böses getan hat*
	rasen	*sehr schnell sein, gehen oder fahren*
der	**Raub, -e**	*Tat, bei der man etwas mit Gewalt stiehlt*
das	**Räucherstäbchen, -**	*aromatische Stoffe in Form eines Stäbchens*
sich	**räuspern**	*leicht husten*
jdn.	**rausschmeißen (ugs.)**	*jdn. aus einem Raum oder Haus entfernen*
	recherchieren	*nach Informationen suchen*
der	**Rechtsanwalt, -anwälte**	*Beruf, bei dem man eine Person bei einem Prozess vor Gericht spricht*
der	**Rechtsmediziner, -**	*Arzt, der Tote untersucht*
	regungslos	*ohne sich zu bewegen*
der	**Riemen, -**	*langes Band aus Leder, mit dem man etw. festmacht*
die	**Routine, -n**	*Arbeiten, die sich täglich wiederholen*
	ruinieren	*zerstören*
	schaden	*negative Folgen haben*
jdm.	**Schaden zufügen**	*etw. tun, das negative Folgen für jdn. hat*
sich	**scheiden lassen**	*die Ehe offiziell beenden lassen*
	schlau	*klug, reich an guten Ideen*
ein	**schlechtes Gewissen haben**	*das Gefühl haben, dass man etw. Schlechtes gemacht hat*
	schmunzeln	*lächeln, weil man etw. lustig findet*
	schnallen	*mit Trägern oder Gurten befestigen*
die	**Schulden (Plural)**	*Geld, das man jdm. noch bezahlen muss*
das	**Schullandheim, -e**	*Feriencamp für Schulklassen*
die	**Schwangerschaft, -en**	*Zustand, in dem eine Frau ein Kind im Bauch hat*
	schwänzen	*nicht in die Schule gehen, weil man keine Lust hat*
das	**Seeschiff, -e**	*großes Schiff, das auf dem Meer fährt*
der	**Serienmord, -e**	*Mord, der anderen Morden ähnlich ist*
die	**Skimaske, -n**	*Mütze, die Kopf und Gesicht bedeckt*
die	**Skyline, -s**	*Umriss von Hochhäusern einer Großstadt, den man aus der Ferne sieht*

die	**Spendenorganisation, -en**	*Organisation, die Geld für Arme sammelt*
	spendieren	*schenken, für jdn. bezahlen*
die	**Spiegelung, -en**	*Bild, das man wie in einem Spiegel sieht*
	spielsüchtig	*von Glücksspielen abhängig*
der	**Spinner, -**	*Mensch, der verrückte Sachen sagt oder tut*
die	**Stammkundin, -nen**	*Kundin, die regelmäßig kommt*
der	**Stand, Stände**	*Verkaufstisch auf einem Markt*
der	**Standort, -e**	*Ort, an dem sich jemand gerade befindet*
	starr vor Schreck sein	*so erschrocken sein, dass man sich nicht bewegen kann*
der	**Steg, -e**	*kleine Brücke aus Holz, auf der man zu einem Boot gehen kann*
sich	**stellen**	*zur Polizei gehen und sagen, dass man etw. Verbotenes getan hat*
der	**Steuerberater, -**	*Beruf, bei dem jemand die Steuern für Firmen oder Privatpersonen macht*
	stinksauer (ugs.)	*sehr verärgert*
	stottern	*so sprechen, dass man Laute oder Silben wiederholt*
	strikt	*streng*
	stürmen	*schnell rennen*
	stur	*nicht bereit, die eigene Meinung zu ändern*
	tagein, tagaus	*jeden Tag*
der	**Täter, -**	*jemand, der eine Straftat begangen hat*
der/das	**Taxameter , -**	*Gerät, das die Kilometer zählt und die Kosten der Taxifahrt anzeigt*
das	**Teppichmesser, -**	*scharfes Messer; Cutter*
der	**Toilettenartikel, -**	*Produkt für die Körperpflege (z. B. Seife, Creme, Zahnpasta)*
der	**Türspion, -e**	*kleine Öffnung in der Tür, durch die man in den Flur sieht*
der	**Türsteher, -**	*Person, die an der Tür eines Lokals steht und für die Sicherheit zuständig ist*
	Übersinnliches	*das, was man mit den normalen Sinnen (Augen, Ohren, ...) nicht verstehen kann*
die	**Überstunde, -n**	*Zeit, die man mehr als die geregelte Arbeitszeit arbeitet*
das	**Uhrwerk, -e**	*alle Teile im Inneren einer Uhr*
	Um Himmels willen!	*Ausruf der Überraschung*
der	**Umschlagplatz, -plätze**	*Ort, an dem Waren von einem Transportmittel auf ein anderes geladen werden*
der	**Umzugswagen, -**	*großes Auto, mit dem man Möbel transportiert*

	unser Ein und Alles	*sehr wichtig für uns*
	unter vier Augen reden	*sich zu zweit unterhalten*
das	**Unterhaltsgeld (kein Plural)**	*Geld, das man nach einer Scheidung jeden Monat an den Ex-Ehepartner zahlt*
der	**Unternehmer, -**	*Person, die ein Geschäft besitzt oder leitet*
	unzertrennlich	*immer zusammen*
etw.	**verarbeiten**	*etw. psychisch und emotional verstehen*
	verbergen	*nicht zeigen*
das	**Verbrechen, -**	*Straftat, wie z.B. Mord oder Raub*
der/die	**Verdächtige, -n**	*Person, die vielleicht eine Straftat begangen hat*
	verfügbar	*für den Gebrauch vorhanden, frei*
die	**Vergiftung, -en**	*Krankheit oder Tod durch Gift*
jdn.	**verklagen**	*einen Gerichtsprozess gegen jdn. beginnen*
jdn.	**verkuppeln**	*zwei Menschen zusammenbringen*
	verlegen	*unsicher, weil eine Situation peinlich oder unangenehm ist*
	verschlafen	*nicht rechtzeitig aufwachen und zu spät zu einem Termin kommen*
die	**Versicherung, -en**	*Firma, die für Schäden zahlt*
	verständnislos	*ohne zu verstehen*
jdm.	**vertrauen**	*fest glauben, dass jemand zuverlässig ist / die Wahrheit sagt*
	verzweifelt	*ohne Hoffnung*
	voller Mitleid	*mit dem Gefühl, dass man jdm. helfen möchte*
	voller Seele sein	*sehr viel Gefühl haben*
	vollzählig	*komplett*
jdn.	**von der Schule verweisen**	*jdm. verbieten, weiter eine Schule zu besuchen*
	von etw. wie geblendet sein	*etw. ist so hell, dass man glaubt, nicht mehr gut zu sehen*
etw.	**vorhersehen**	*etw. sehen, das in der Zukunft passiert*
die	**Vorlesung, -en**	*Kurstyp an einer Universität: ein Dozent erklärt etw. und die Studenten hören zu*
der	**Waldabschnitt, -e**	*ein Teil eines Waldes*
	wegen Trunkenheit am Steuer	*weil jemand betrunken Auto gefahren ist*
	wegkriechen	*sich am Boden wegbewegen*
das	**Weihnachtsgesteck, -e**	*kunstvoller Strauß aus Blumen oder Zweigen mit weihnachtlicher Dekoration*
eine	**Weile (kein Plural)**	*eine unbestimmte Zeit lang*
die	**WG (Wohngemeinschaft), WGs**	*Wohnung, die sich mehrere Personen teilen*

jdn. **wiederbeleben**	*etw. tun, damit das Herz einer Person wieder schlägt*
das **Wintersemester, -**	*halbes Jahr zwischen Oktober und März an Universitäten*
die **Wohnwagensiedlung , -en**	*Platz, wo Menschen in Wohnwagen wohnen*
etw. **wortwörtlich nehmen**	*etw. genauso verstehen, wie es jemand sagt*
jdn. **würgen**	*jdm. den Hals zusammendrücken*
sich die **Zeit vertreiben**	*etw. tun, damit die Zeit schneller vergeht*
zerstören	*kaputt machen*
zornig	*wütend*
jdn. **zur Seite nehmen**	*mit jdm. allein sprechen*
zurechtkommen	*emotionale und finanzielle Probleme lösen*
zusammenhalten	*sich gegenseitig helfen*
sich **zusammenreißen**	*seine Gefühle kontrollieren*
zusammenzucken	*vor Angst eine schnelle und unkontrollierte Bewegung machen*
jdm. **zuvorkommen**	*schneller sein als eine andere Person*

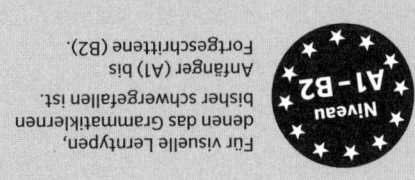

BILDQUELLEN

Umschlag:
Akte: Thinkstock/RTimages; Leiche: Shutterstock/Irina No.

S. 3: Emily Slocum; **S. 6:** Shutterstock/AridOcean; **S. 19:** Fotolia/pure-life-pictures; **S. 29:** Shutterstock/Matthew Dixon; **S. 40:** Shutterstock/sunfun; **S. 51:** Shutterstock/Bertl123; **S. 62:** Shutterstock/pavel dudek; **S. 75:** Shutterstock/telesniuk; **S. 85:** Shutterstock/Igor Marx; **S. 97:** Shutterstock/Matyas Rehak; **S. 106:** Shutterstock/Alexander Chaikin; **S. 112:** Thinkstock/Jasmin Awad.